SHIORIの∞《むげん》小鍋

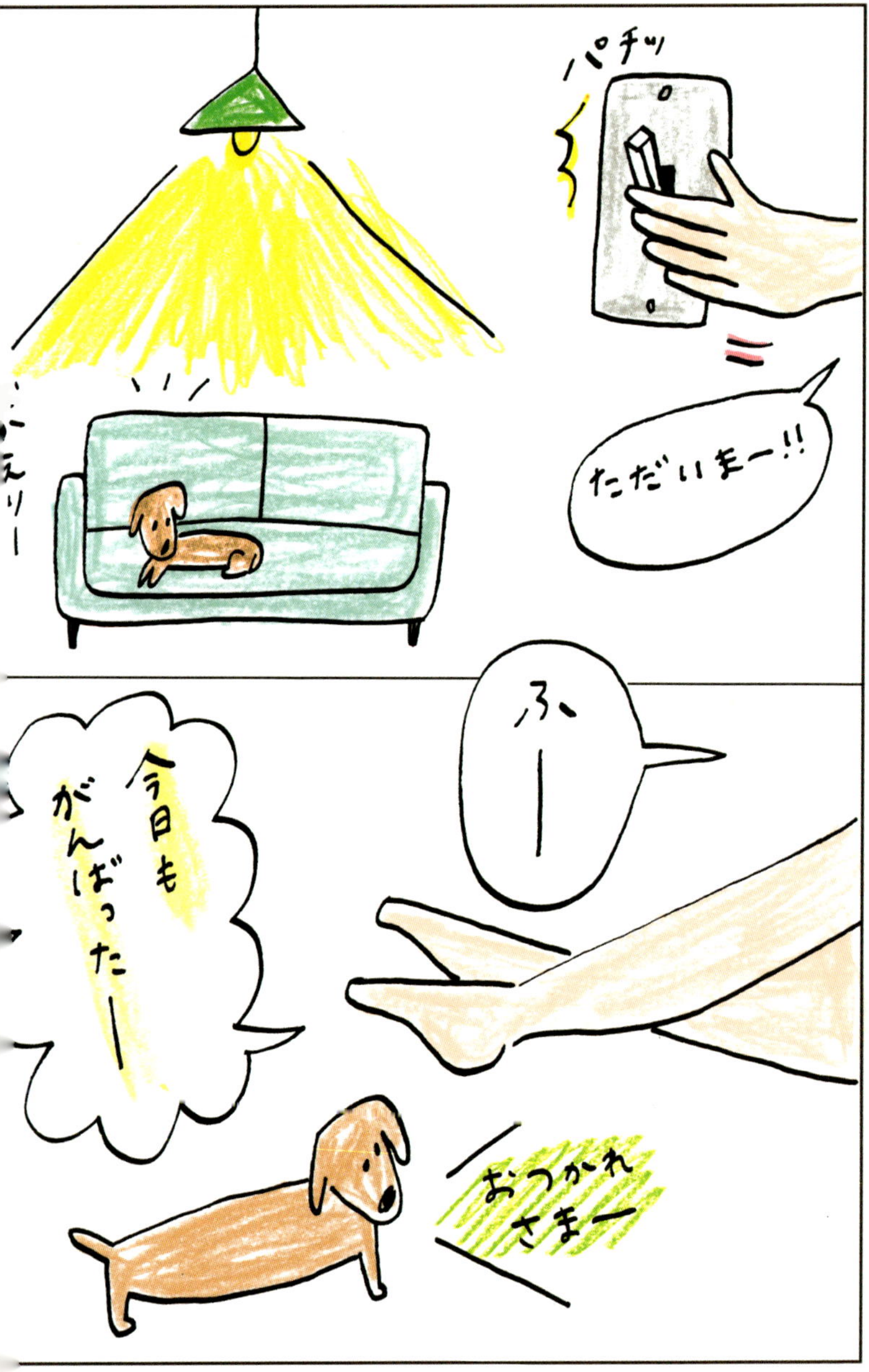
パチッ
ただいまー!!
えりー
ふー
今日もがんばったー
おつかれさまー

ここのところヘルシーなものたべてない……
でも美味しいものたべた──い!!
今からメイク直して外出もやだな……
FUMU FUMU
つかれたよー

何たべたいの？
えっと……
すぐできて……
好きなものを好きなだけ
ちょっと気分も上げたい
わびしいごはんはイヤ
わがままだねえーー

それなら
これで
どうでしょう？？
え？
なになに？
ジャーン！！
ぐつぐつ
ぐつぐつ

※小鍋が全てを解決します！

もくじ

イントロダクション―2
この本の使い方―10

1 大胆アイデア鍋

今日は包むのやすみます
ぺらぺらワンタン鍋―14

例えるなら、はかなくて上品
はんぺんと鶏のすまし鍋―16

冬じゃなくても楽しめる
オニオングラタンスープ鍋―18

万人に愛されること間違いなし
ちぎり厚揚げともやしの担々鍋―20

オープンしても変わらぬおいしさ
巻かないロールキャベツ鍋―22

お正月じゃなくても食べたい！
ぷちぷち明太雑煮鍋―24

やさしいのに激しい中毒性あり
豆乳みそバターコーン鍋―25

おでんの具、1品で勝負なら
ささみ入り餅きんちゃく鍋―26

時短とやさしさを兼ね備えた
いきなりそうめん鍋―27

SHIORI的
〝むげん小鍋〟のススメ―28

SHIORIんちの
〝日々小鍋〟―30

2 旅する鍋で世界旅行

PHO《フォー》好きにはたまらない
ベトナム風牛肉ハーブ鍋―34

辛っ旨い！プデチゲ―36

10分でできるレストランの味
クイックブイヤベース鍋―38

ジリジリ辛みが攻めてくる
四川風しびれ鍋―40

リッチでマイルドな煮込み
ビーフストロガノフ鍋―42

アメリカ南部の豆料理
チリコンカン鍋―44

野菜の水分だけで煮る
ラタトゥイユ鍋―46

ごはんがすすむ汁なし鍋
チャプチェ鍋―47

辛さの中に豚とあさりW《ダブル》のうまみ
スンドゥブチゲ―48

ペーストとココナッツ缶があれば
グリーンカレー鍋―49

パクチーどっさりで召し上がれ
トムヤムクン鍋―50

COLUMN 01
味変調味料は3コインで買える幸せ―51

3 定番を制するものは鍋を制する!!

コクうまなのに軽やかな味わい
石狩鍋 56

その期待、裏切りません
まるでモツ鍋 58

溶き卵で楽しむ親子鍋
鶏すき鍋 60

トッピングいろいろで楽しむ
常夜鍋 62

その日の気分で具材を決めて
鶏つくねの塩ちゃんこ鍋 64

シンプルの極み
湯豆腐 65

ブレ知らずの鉄板鍋
豚キムチーズ鍋 66

“揚げ玉”が救世主
鍋焼きうどん 67

サッと昆布だしにくぐらせて
ぶりしゃぶ 68

COLUMN 02
箸休めのひんやりメニュー「その1」 69

4 魅惑のあんかけ倶楽部へようこそ

カリカリ焼きそばとセットで楽しんで
白菜と鶏のオイスターあんかけ鍋 74

まるで定番のような相性のよさ
サンラーたら鍋 76

おそば屋さんのあの味を家で
和風カレーあんかけ鍋 78

豆腐は切らずに大胆投入!
麻婆豆腐鍋 80

八宝菜よりちょっと気楽!
三宝菜鍋 82

材料ふたつの潔さが魅力
白菜ベーコンのクリーム鍋 83

トマト2WAY活用
フレッシュトマトのたらチリ鍋 84

ふわとろ卵とじに癒やされる
かにと豆腐の中華あんかけ鍋 85

白米ともビールとも相性抜群
豚キムチあんかけ鍋 86

COLUMN 03
箸休めのひんやりメニュー「その2」 87

5 癒やしのほっといたわり鍋

揚げなすのおいしさだって小鍋で
なすとささみのおろし煮鍋 92

脱、マンネリ!
豚と白菜のミルフィーユ鍋 94

昭和にジャンプ!
ごまみそつみっこ鍋 96

大きめサイズで食べ応えあり!
豚だんごとクレソン鍋 98

白だしであっさりツルッと
明太とろろ鍋 100

鶏ときのこのやさしいハーモニー
きのこのクリーム鍋 101

ホットサラダな感覚で
はりはり鍋 102

あさりであっさりシンプルに
あさりとわかめの春雨鍋 103

風邪のひきはじめを感じたら
かき玉とろみしょうが鍋 104

COLUMN 04
こんなものも締めになる! 105

6 ぜいたくぅ〜鍋

小鍋で味わうビストロ気分
かきとほうれん草のグラタン鍋 110

魚介のうまみが溶け込んだ
えびトマトクリーム鍋 112

大人のぜいたく
すき焼き 114

かに、ひとり占めの幸福感
かに鍋 115

丁寧に引くだしがごちそう
たっぷりねぎの豚しゃぶ鍋 116

COLUMN 05
ぜいたく鍋をもっと楽しむTIPS 117

7 ほったらかしでコトコト

具材はあえて大ぶりに
ポトフ鍋 122

疲れた私を回復する
サムゲタン風鍋 124

さらさらスープで具だくさん
スープカレー鍋 125

おわりに 126

この本の使い方

主な材料や下ごしらえがひと目でわかるから便利！
手順は下記に沿って進めましょう。

1. 主な材料と下ごしらえⒶ、その他の材料Ⓑから食材をチェック。

2. Ⓐの写真と説明を参考に、具材を切ったり下ごしらえをする。

3. 作り方Ⓒのステップに沿って調理する。

※レシピはひとり分です

鍋のこと

この本の多くのレシピは１人用の小さい土鍋を使用しています

土鍋は全体に熱がまわるまで他の鍋に比べて時間を要しますが、一度温まれば保温性が高く素材にじっくり熱が入ります。そのまま食卓に出せて、熱々を持続できるのも魅力です。

※土鍋以外にも、アルミ鍋、ホーロー鍋、フッ素樹脂加工の片手鍋など、小さめサイズならどんな鍋でもお楽しみ頂けるレシピですが、火加減、煮込み時間は鍋により異なるので素材の様子を見ながら調整してください。

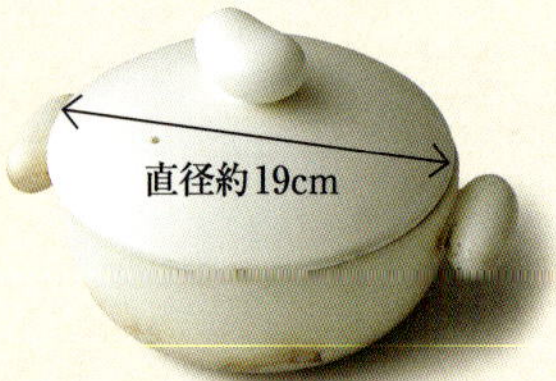

小鍋6号
口径(取っ手を除いた直径)19cm前後
800～900mℓ

だしのこと

毎日飽きずに小鍋を楽しむために、スープのバリエーションを味方に

鶏がらスープの素、洋風スープの素、麺つゆ、白だしなど手軽に味が決まる便利ストックを持ちつつ、ほっと癒やされたい時は丁寧にだしを引いたり(117ページ参照)、素材から出るうまみだけでスープを作れるようになるとバリエーションが広がります。特にあさりやひき肉などはだしとなるうまみを引き出しやすい素材です。

その他

・小さじ1＝5mℓ、大さじ1＝15mℓ、カップ1＝200mℓです
・電子レンジは600Wを基準にしています
・火加減で特に表記がない場合は中火です
・調味料はメーカーにより塩分量が異なるので、味を見てご自身の好みで調整してください

#むげん小鍋

1

こんなのもアリ!?

大胆アイデア鍋

きのこ？
ねぎ？
白菜？
鍋といってもねえ……
準備めんどくさそうだし
きちゃいそうだし
うーん
ポン酢？
しょうゆ？
みそ？
和風だけじゃなくて
洋風や中華風も
いいんじゃない？
もっともっと自由に鍋を楽しんで!!
具だって好きなように入れちゃおう!!
もしかして何でもアリ!?
WOW

こんなのもアリ!?
大胆アイデア鍋

今日も一日がんばった自分、おつかれさま。
お腹すいたなぁ。昼もコンビニごはんだったし、
疲れた体でこれからちゃんと作るのって、ちょっと面倒……。
そんな時！ ひとり気ままな小鍋なら「ちゃんと」作らなくてもいいんじゃない？
ワンタンは包まなくてもいい、おでんなら具材1品で勝負！
雑煮だって目線を変えれば正月以外も楽しめちゃう。

「こんな鍋、ありなんだ！」
そう、ありです！ これまでの〝鍋〟のイメージを取り払えたら、
むげん鍋の扉が開きます。

小鍋は自由だ！！

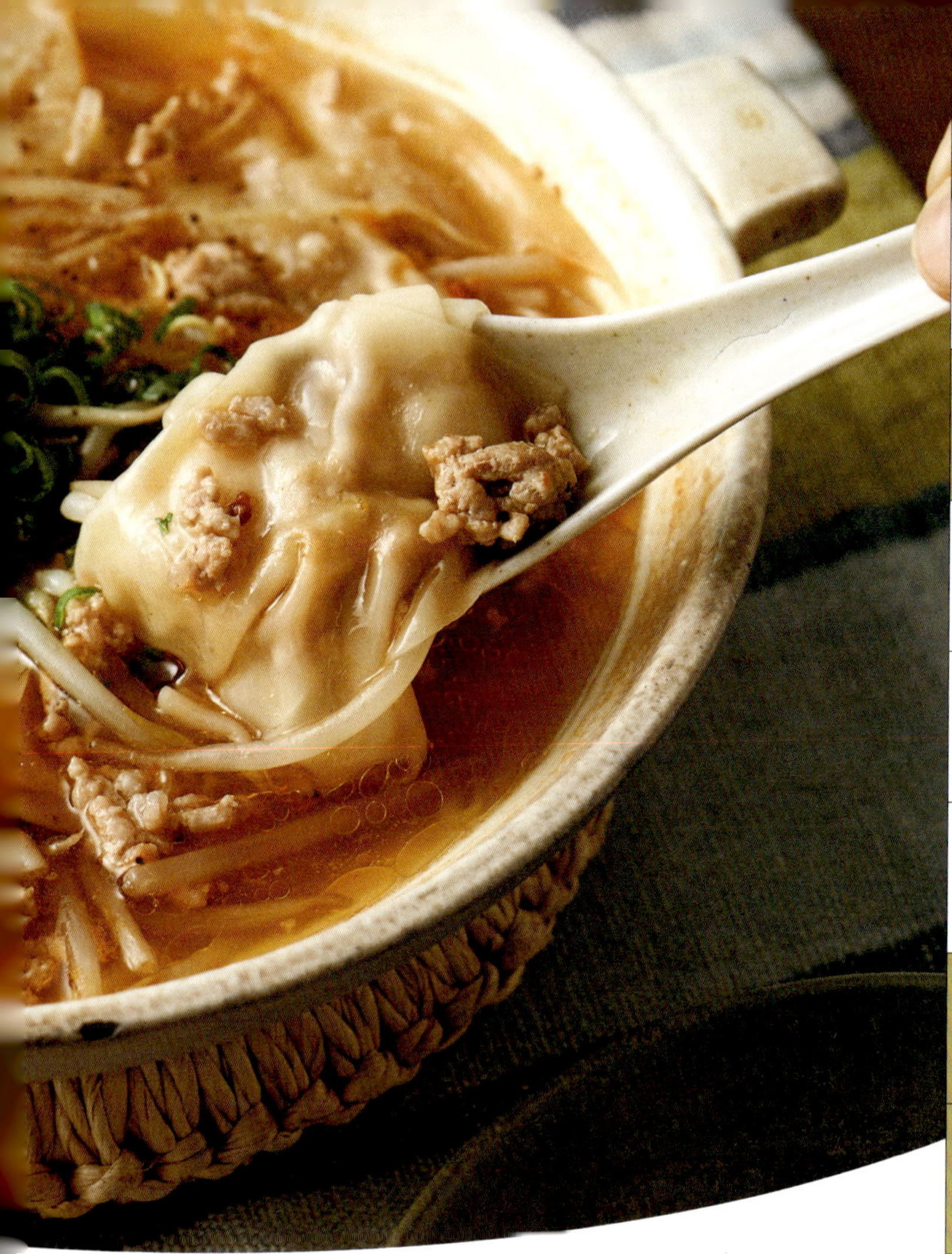

今日は包むのやすみます

ぺらぺらワンタン鍋

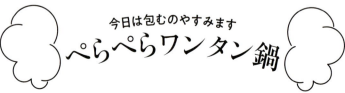

主な材料と下ごしらえ

もやし……1/2袋
豚ひき肉……80g
ワンタンの皮……10枚
（対角線で半分に切る）

その他の材料

A
- 鶏がらスープの素（顆粒）……小さじ1
- オイスターソース……小さじ1と1/2
- 豆板醤《トウバンジャン》……小さじ1/4〜1/3
- しょうゆ、片栗粉……各小さじ1
- 水……400mℓ

・青ねぎの小口切り、粗びき黒こしょう……各適量

・ごま油……小さじ1

作り方

1. 鍋にごま油を熱し、ひき肉を焼きつけるように炒める。肉の色が変わったら、**A**を加え、混ぜながらとろみをつける。

2. もやしを加えて2分ほど煮て、ワンタンの皮を1枚ずつ散らしながら加え、さらに3〜4分煮る。青ねぎをのせ、黒こしょうをふる。

肉だねを〝包む〟という工程をえいっと省略した「包まないワンタン」。でも、ひと口食べたらワンタンの舌触りのよさが際立つ想像を超えるおいしさに。この先の人生、ワンタンは包まなくなるかもしれません。ちゅるりんワンタンを引き立てるもやしも大事な役どころです。

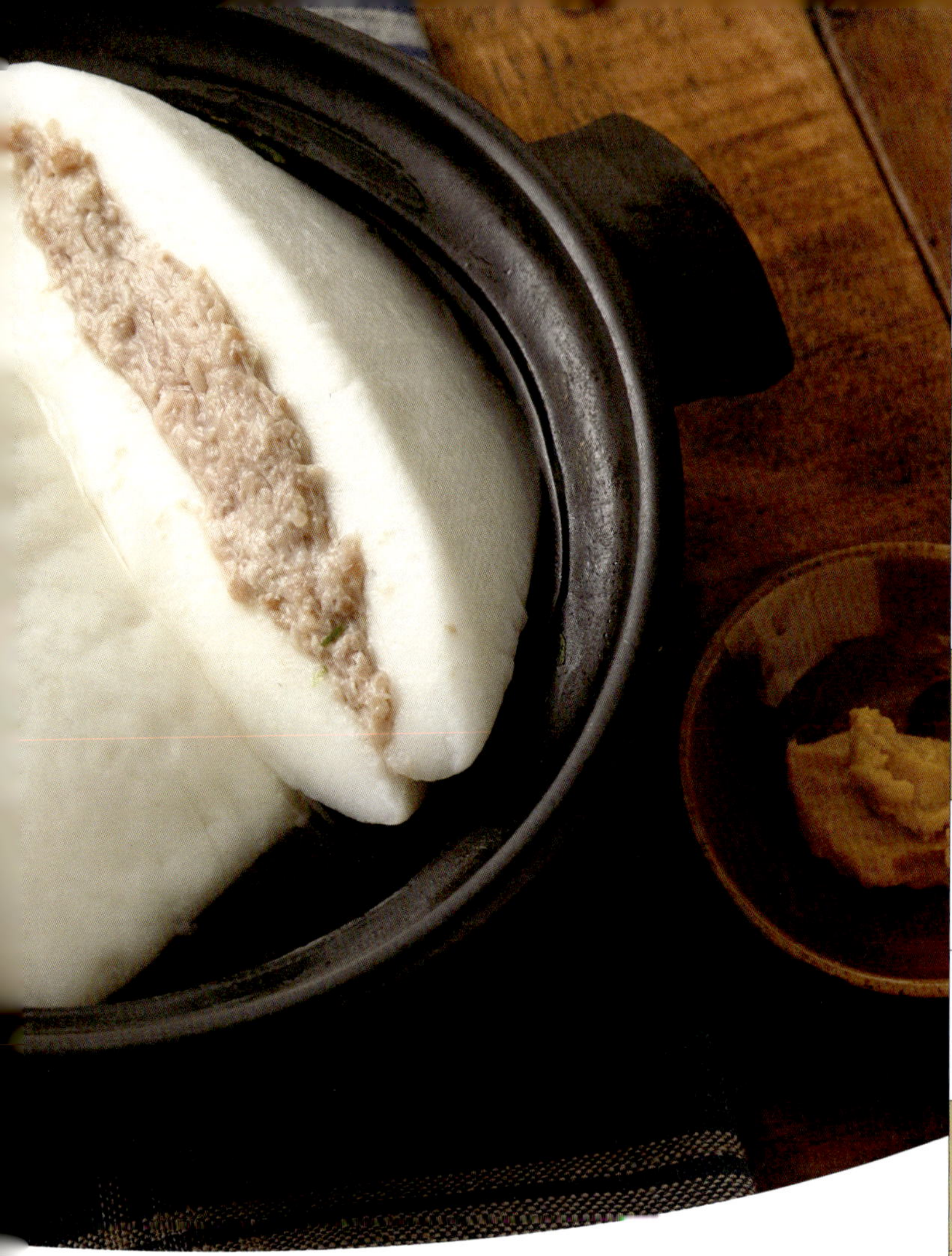

例えるなら、はかなくて上品

はんぺんと鶏のすまし鍋

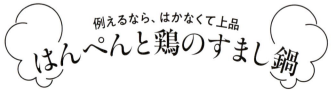

主な材料と下ごしらえ

水菜……1株
（4等分の長さに切る）

鶏ひき肉……80g

はんぺん……1枚
（対角線で半分に切る。縁を1cm残してポケット状に切り目を入れる）

その他の材料

A
- しょうがのすりおろし、片栗粉……各小さじ1/2
- 酒……大さじ1/2
- 塩……小さじ1/4

B
- 白だし（濃縮タイプ）……大さじ1と1/2〜2
- 塩……ひとつまみ
- 水……400mℓ

・からし……適量

作り方

1. ひき肉にAを合わせてよく練り、はんぺんに詰める。

2. 鍋にBを煮立て、1を入れる。ふたをして10分煮たら、水菜を加えてさっと煮る。からしを添えて食べる。

ふっくら膨れあ ふわふわ口の中で消え入りそうなはんぺんに、詰めた鶏団子のジューシーさが遅れてやってくる！　シャキシャキ水菜も絶妙です。白だしに練り物特有のだしが染み出て、極上なスープに仕上げてくれます。青菜はお好みのものを。

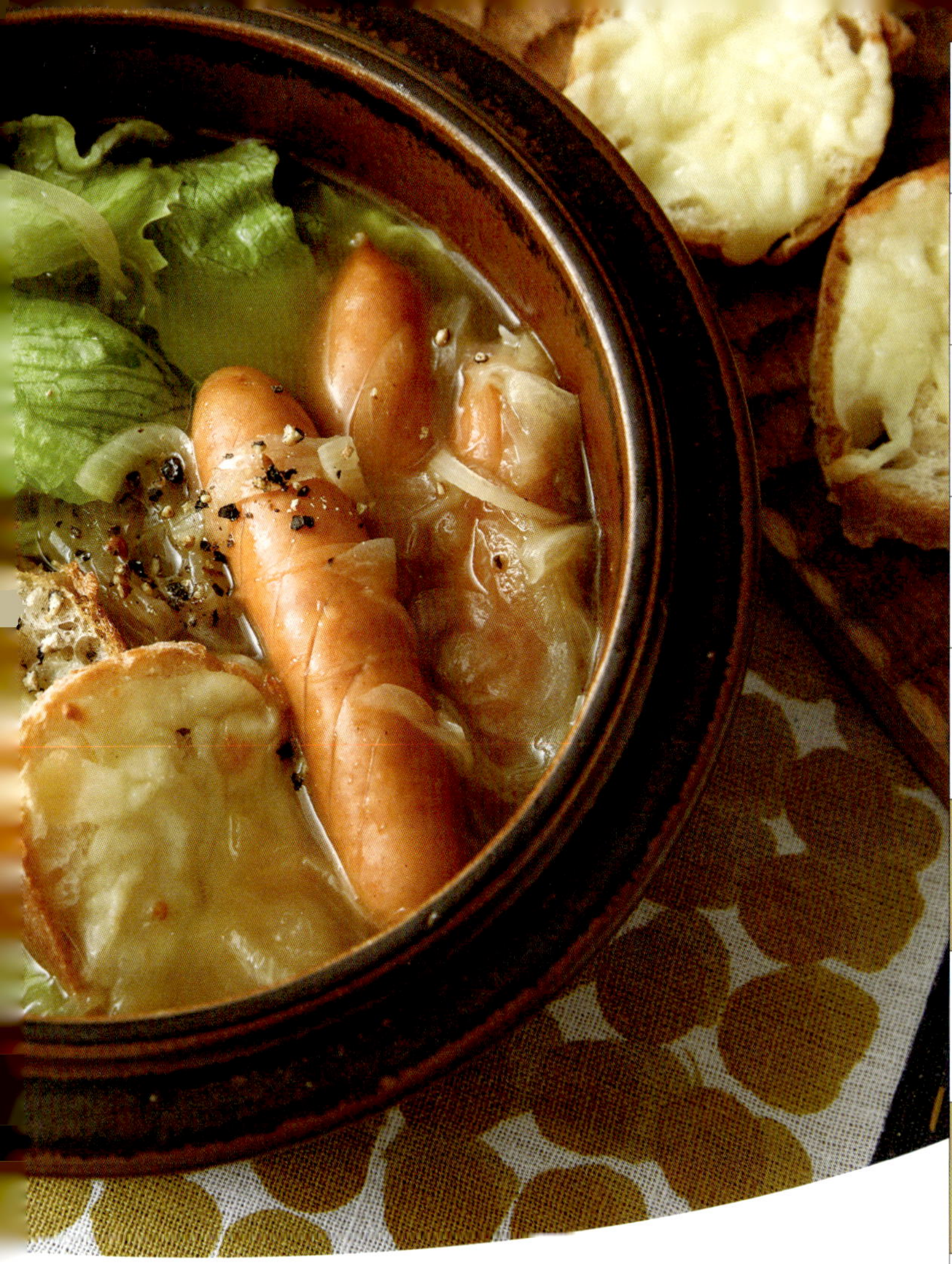

冬じゃなくても楽しめる

オニオングラタンスープ鍋

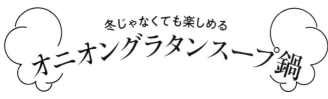

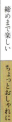

主な材料と下ごしらえ

玉ねぎ……1個
（繊維を断ち切るようにごく薄切り）

レタス……1～2枚
（食べやすくちぎる）

ピザ用シュレッドチーズ……適量

バゲットの薄切り……3～4枚

ウインナー……3本
（斜めに切り込みを入れる）

その他の材料

A ┌ 洋風スープの素（固形）……1/2個
　└ 水……350mℓ

- バター……10g
- オリーブオイル……小さじ1
- 塩、粗びき黒こしょう……各適量

作り方

1. 鍋にバターとオリーブオイルを熱し、玉ねぎと塩ひとつまみを入れ、しんなりして軽く色づくまで中火で8～10分炒める。

2. バゲットにチーズをのせ、トースターでチーズが溶けるまで焼く。

3. 1にA、ウインナーを加えて煮立ったら3分煮る。塩で味をととのえ、レタス、バゲットを加えて、黒こしょうをふる。

じっくり炒めた飴色玉ねぎをコトコト煮て作る冬の風物詩だって、グッと時短&これ一品で満足鍋にすれば一年中楽しめます。新玉ねぎを使えばさらに甘くてとろとろに。食事として楽しみたいから具を増量してみました。パンはスープをたっぷり吸わせて召し上がれ。

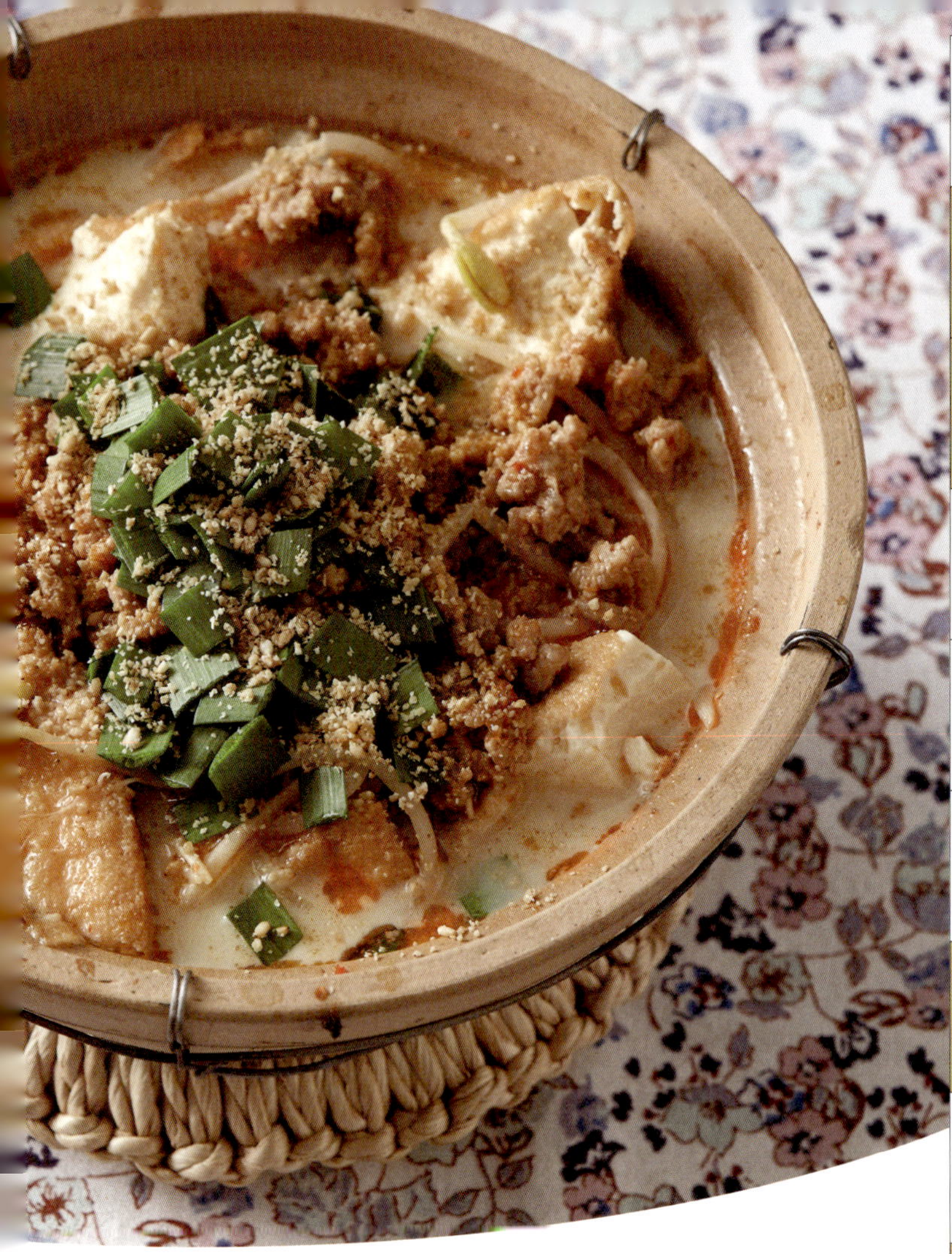

万人に愛されること間違いなし

ちぎり厚揚げともやしの担々鍋

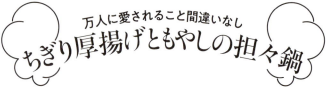

主な材料と下ごしらえ

豆もやし……1/2袋

豚ひき肉……100g

厚揚げ……1枚（200g）
（ひと口大に手でちぎる）

その他の材料

A
- 豆板醤《トウバンジャン》……小さじ1/2～1
- しょうゆ……小さじ1/2
- みそ……小さじ1
- 酒……大さじ1

B
- 麺つゆ（3倍濃縮）……50mℓ
- 水……150mℓ

- 無調整豆乳……100mℓ
- にら……2本
- 白すりごま……大さじ1
- ごま油……小さじ1

作り方

1. 鍋にごま油を熱し、ひき肉を焼きつけるように炒める。肉の色が変わったら、**A**を加えて味つけし、いったん取り出す。

2. 鍋に、もやし、厚揚げ、**B**を入れてふたをして中火にかけ、煮立ったら3～4分煮る。

3. 豆乳を加えて温まったら（煮立たせないように）、**1**で取り出した肉と1cm幅に切ったにらを加え、すりごまをふる。

断言します。「厚揚げをこんなに愛する日が来るなんて!」と思わずにはいられなくなる、と。手軽に使えてコスパよし、腹持ちよし、おまけに鉄分豊富で体によい、優秀選手の厚揚げは、包丁を使わずちぎることで味なじみがぐんとよくなります。たっぷりすりごま、マストです。

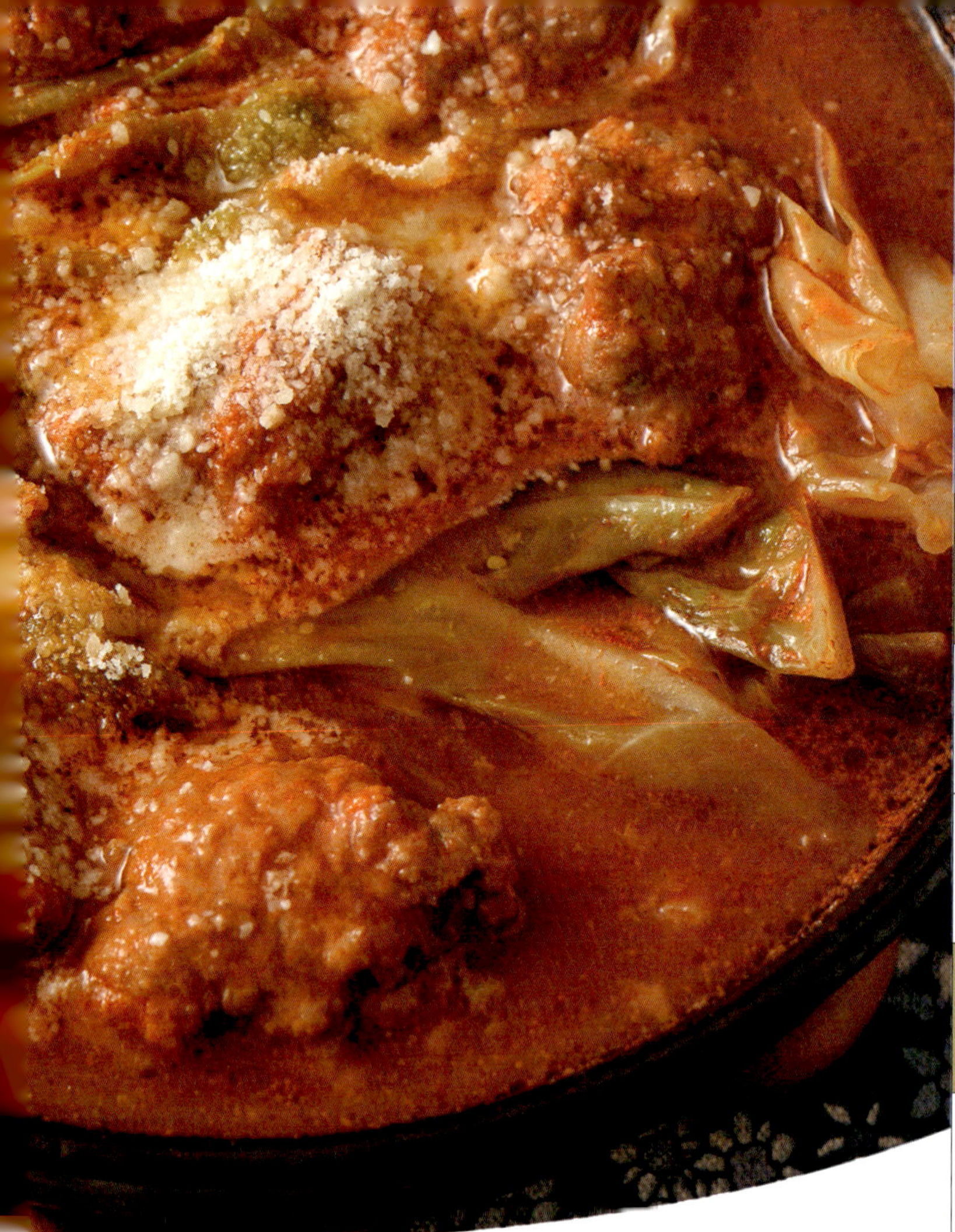

オープンしても変わらぬおいしさ

巻かないロールキャベツ鍋

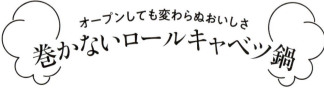

主な材料と下ごしらえ

キャベツ……2～3枚（150g）（ざく切り）

合いびき肉……120g（**A**を混ぜたものを加えてよく練り、6~7等分して丸める）

ミートボールの調味料

A
- 牛乳……大さじ2
- パン粉……大さじ3
- ナツメグ、粗びき黒こしょう……各適量
- 塩……小さじ1/3

その他の材料

B
- トマトジュース（無塩）……1缶（190mℓ）
- 洋風スープの素（固形）……1/2個
- 水……150mℓ

・粉チーズ……適量

作り方

1. 鍋にキャベツと**B**を入れ、ふたをして中火にかけ、煮立ったら5分煮る。

2. キャベツのかさが減ったら肉だんごをのせ、ふたをして5分煮る。ふたを取って水分を飛ばすようにさらに3分煮つめ、粉チーズを散らす。

[illegible]も、気ままな小鍋だもん、手軽に作っちゃいましょ。調理時間を大幅にカットしても、くったり味染みキャベツに、ふわふわ肉団子を一緒に食べればちゃんとロールキャベツ！　仕上げにスープを煮つめうまみを凝縮して作る〝味の奥行き〟をお忘れなく。

お正月じゃなくても食べたい！

ぷちぷち明太雑煮鍋

加熱した明太子はぷちぷちの存在感が増し、生とはまた違ったおいしさに。香ばしく焼いた餅によくからむようとろみをつけて、彩りと食感のトッピングをあしらえば新しい雑煮の扉が開きます。スープのベースは、鶏がらスープや、かつおだしなどお好みのものでどうぞ。

切り餅……2個
きくらげ（乾燥）……1g（水で戻し細切り）
明太子……1/2腹（1本）（薄皮を取る）

主な材料と下ごしらえ

その他の材料

A
- 白だし（濃縮タイプ）……大さじ1
- 水……300mℓ

B
- 片栗粉……小さじ2と1/2
- 水……小さじ2と1/2

・青ねぎ……適量

作り方

1. 鍋にAを煮立て、弱火にしてBを混ぜた水溶き片栗粉でとろみをつける。半量の明太子を加えて火が通ったら、中火で1分煮立てる。

2. 1に焼いた餅と残りの明太子、きくらげ、小口切りにした青ねぎを加える。

やさしいのに激しい中毒性あり

豆乳みそバターコーン鍋

みそバターコーンラーメンからヒントを得たこちらは豆乳を使いマイルドながらも、男女ともにしっかり支持を得られる鍋に仕上がりました。短時間で火が通り味が馴染むようピーラー使いに、しゃぶしゃぶ用肉がマスト。締めは少し味を濃いめにして雑炊か太めの中華麺がおすすめ。

にんじん……1/3本（ピーラーで薄くスライスする）
コーン（缶詰）……大さじ1～2
豚ばらしゃぶしゃぶ用肉……80～100g
わかめ（塩蔵）……15g（塩抜きをして食べやすく切る）
水菜……1株（4等分の長さに切る）

主な材料と下ごしらえ

その他の材料

- A
  - 鶏がらスープの素（顆粒）……小さじ1弱
  - みそ……小さじ1と1/2
  - しょうゆ……小さじ2/3
  - 水……150mℓ
- ・無調整豆乳……200mℓ
- ・バター……10g
- ・七味唐辛子、ラー油……適宜

作り方

1. 鍋にAを入れて火にかけ、煮立ったら豆乳を加える。温まったらコーン以外の具材を入れ、煮立たせない火加減で煮る。

2. 豚肉に火が通ったら、バターを落としてコーンを散らし、好みで七味唐辛子やラー油で辛みを足して。

おでんの具、1品で勝負なら

ささみ入り餅きんちゃく鍋

いつかおでんの餅きんちゃくをお腹いっぱい食べたい、そんな（わたしの）夢を叶える鍋。餅は先にレンジ加熱でやわらかくします。

かたく角ばった餅を詰めると油揚げが破れるので、きんちゃく愛からこの方法に。上品な白だしに、ほんのり苦い春菊の組み合わせが好き。

ささみ……小1本
（1cm幅のそぎ切り）
切り餅……2個
（半分に切る）
春菊……1/2袋
（3等分の長さに切る）
油揚げ……1枚
（半分に切り、ポケット状に開く）

主な材料と下ごしらえ

その他の材料

- しょうゆ、酒……各小さじ1/2
- 白だし（濃縮タイプ）……大さじ1～1と1/2
- 水……300mℓ

作り方

1. ささみはしょうゆ、酒で下味をつける。耐熱皿に水小さじ1強（分量外）を入れてから餅を間隔をあけて並べ、ふんわりラップをして電子レンジ（600W）で40～50秒、やわらかくなるまで加熱する。

2. 餅がやわらかいうちにささみと一緒に油揚げに詰め、つまようじで口を閉じる。

3. 鍋に水、白だしを煮立て、**2**を加えてふたをして餅がとろんとするまで煮る。春菊を加えてさらに2分煮る。

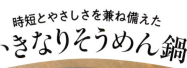

時短とやさしさを兼ね備えた

いきなりそうめん鍋

そうめんのゆで汁をそのままスープに仕立てることで、胃にやさしいゆるやかなとろみの超スピードにゅうめんが完成。味つけは、白だしのほかに、かつお昆布だし、鶏がらスープなど、のせる具材とともにアレンジ自由自在なのも魅力。仕上げにごま油をたらりとまわしかけても。

そうめん……1束（50g）
梅干し……1個
みつば……2〜3本
（ざく切り）

主な材料と下ごしらえ

その他の材料

A ┌ 白だし（濃縮タイプ）……大さじ1と1/2〜2
　└ 水……350mℓ

・白すりごま……適量

作り方

1. 鍋にAを沸かし、そうめんを2〜3分煮る。梅干しとみつばを加えてすりごまをふる。

SHIORI的 〝むげん小鍋〟のススメ

冬になったら家族や友人、
みんなで囲んでワイワイ賑やかに食べる。
それこそが鍋の醍醐味、長らくそう思っていました。
小鍋（ひとり鍋）の魅力を知るまでは。
大勢には大勢のよさがあり、ひとりにはひとりのよさがある。
いま、声を大にして言いたいのは、
小鍋は無限の可能性を秘めている！
ということ。

① 調理工程は切る、煮る、以上！

疲れててもすぐできる！　だいたい10分ちょい

② 野菜たっぷり、ヘルシー

ひと鍋で野菜、肉（魚）、汁、締めの炭水化物までバランスよく摂れる

③ コスパよし、経済的！

何品も作る必要なし！　一品完結、食べきりだから無駄もなし！

④ 味つけ、具の組み合わせ無限！

発想を柔軟にすれば何でも鍋に！　毎日食べても飽きない

合い言葉は
〝気ままがごちそう〟。
その日の自分の欲望に正直に、
食べたいものを
小鍋に詰めましょう。

5 パクチーどっさりだっていいよ！

大人数だと、必ずパクチーNGな人がいるよね

6 とことん激辛だってあり！

誰かに気を使って加減する必要なし

7 ひと鍋だから片付けが楽

食べて片付けてすぐだら〜っとできちゃう

好きなものを好きなだけ、
節約鍋からとことんぜいたく鍋まで。
その振り幅こそ小鍋の魅力！

もう冬だけじゃない、
Always小鍋！ライフを楽しんで！

SHIORIんちの〝日々小鍋〟

わが家で日々食べている、リアルな小鍋の数々です。
この本の中でも紹介しているものもあります。
〝冷蔵庫の残り物〟から生まれた意外なおいしさも！

餃子をたくさん作ったあとの副産物的な鍋。いちから餃子鍋を作るのは面倒だけど、餃子のストック（市販品でももちろんOK）があればすぐ楽しめるスープ餃子。鶏がらスープをベースにお好きな野菜とともに。焼き餃子よりヘルシーでスープと一緒に食べる分満腹感も◎。スープ餃子気分を味わいたいときは、14ページのぺらぺらワンタン鍋もおすすめ！

韓国料理にハマった時期があり、myチゲ用鍋持ってます。韓国風の辛いスープや時にビビンパを作ったりも。気分が上がるので買ってよかった！　煮干しを15分くらいつけてだしを取り、コチュジャン、しょうゆ、みそなどで味つけ。豆腐にあさり、生卵ににら。我が家は納豆、キムチ、チーズも入れて気づけば発酵鍋に！

の朝ごはん小鍋。半端に残っていたキャツ、さつまいもは小さめにカットして鶏ひき、塩、白ワインと一緒にしばし蒸し煮。野がくったりしたらトマトジュース、水を加え塩のみで味つけ。ひき肉は手軽にいいだし出るのでおすすめ！　パルミジャーノ・レジャーノをすりおろし、オリーブオイルをらーり、黒こしょうをガリガリ、完成！

この本の中でも特にお気に入りな豆乳みそバターコーン鍋。野菜もたっぷり食べられて、短時間で作る分、みそやバターでコクを補い、豆乳でやさしいのにちょっとジャンクなこってり感がやみつきに。いつもは途中でごはんを入れて、ラー油、すりごまをたっぷりかけて。太めの中華麺も捨てがたい。これを作るために我が家はコーン缶のストックを始めたほど。

2 旅する鍋で世界旅行

行
いきたいなー
でも
ーナスは
まだ先…
例えば
PARIS
とか
それ
鍋で
のしめるよー
え、
鍋で?!
連休も
まだまだ
先だなー
ふー…
…
フレンチグルメ
soupe de
Terrine de Légumes
Choucroute

旅する鍋で世界旅行

海外旅行に行きたいな。でも次の連休はまだまだ先だし、
海外に行くには、旅行資金も貯めなきゃね。
そんなときは、どこに行くかを妄想しつつ、小鍋で世界旅行に出発！
パリでは美術館を巡っておしゃれなビストロに行ったり、
ベトナムでお買い物して、ハーブいっぱいのフォーを堪能するのもいいな。
ビューティコンシャスな韓国では、ピリ辛鍋で汗をかいて、心と体の新陳代謝を。
ひとりでも、そして一緒に行きたい彼や友人と。
料理を作りながら、食べながら、世界を旅しよう。

PHO《フォー》好きにはたまらない

ベトナム風牛肉ハーブ鍋

主な材料と下ごしらえ

パクチー、ミント……各適量（食べやすく切る）

紫玉ねぎ……1/4個（縦薄切りにし、水にさらす）

もやし……1/2袋

牛薄切り肉……80～100g（食べやすく切る）

その他の材料

A
- 鶏がらスープの素（顆粒）……小さじ1/2強
- ナンプラー……大さじ1/2
- 砂糖……ふたつまみ
- 水……350mℓ

・ライム、シラチャーソース（あれば）……各適宜

作り方

1. 鍋にAを煮立て、牛肉をさっと煮る。肉の色が変わったら取り出してアクを取る。

2. 1にもやしを加えて2分ほど煮たら牛肉を戻し、紫玉ねぎをのせる。パクチーとミントをのせ、好みでライムを絞ったり、シラチャーソースをかける。

ベトナムのフォーオー（牛肉のフォー）をイメージしたエスニックな鍋は、澄みわたったスープと爽快感抜群のたっぷりのハーブがおいしさの決め手。

クリアなスープを楽しむため、牛肉をさっと煮たら丁寧にアクを取って。シラチャーソースで味変したり、フォーや稲庭うどんで締めるのもおすすめ。

一度ハマると抜け出せない……

辛っ旨い！プデチゲ

主な材料と下ごしらえ

ウインナー……2本
（斜めに切り込みを入れる）
白菜キムチ……適量
溶けるチーズ
（スライス）……1枚
インスタントラーメン
（韓国辛ラーメン）……1袋
にら……1〜2本
（4cm長さに切る）

その他の材料

・白いりごま、ごま油……各適量

作り方

1. 表示通りの水加減でインスタントラーメンを作り、にらとウインナーを加えてさっと煮る。

2. チーズとキムチをのせ、ごま油をまわしかけて白ごまをふる。

でも絶大な支持を得るインスタントラーメンを使った、お手軽鍋。既に完成した味と思いきや、トッピング次第でまだまだおいしく変化！辛〜いスープを中和してくれる溶けるチーズに、にらとキムチのパンチ、香りづけにごま油を回しかければ……中毒症状にご注意を。

10分でできるレストランの味

クイックブイヤベース鍋

主な材料と下ごしらえ

あさり（砂抜き済み）……150g

生鮭（切り身）……1切れ（半分に切り、塩少々をふって5分おき、水けをふく）

トマトジュース（無塩）……1缶（190mℓ）

パセリのみじん切り……少々

じゃが芋……小1個（1cm厚さに切り、さっと水にさらす）

にんにく……1かけ（押しつぶす）

玉ねぎのみじん切り……1/4個分

その他の材料

- 白ワイン……大さじ2
- オリーブオイル……大さじ1
- 水……100mℓ
- 塩……適量
- 粉チーズ……適宜

作り方

1. じゃが芋はふんわりラップをし、電子レンジ（600W）で3分加熱する。

2. 鍋にオリーブオイルを熱し、玉ねぎと塩ひとつまみを入れ、中火で3分ほど炒める。あさり、にんにく、白ワインを加えてふたをし、あさりの口が開くまで2〜3分蒸し煮にする。

3. 2に生鮭とじゃが芋、トマトジュース、塩小さじ1/4、水を加え、5〜6分煮る。パセリを散らし、好みで粉チーズを添える。

ませんでも控えめに言って本格派です。何種類もの高価な魚介を使わなくても、あさりのうまみを引き出せば塩だけで十分おいしいスープの出来上がり。生鮭は大胆に切って、じゃが芋にスープを染み込ませて。締めはリゾットがおすすめです。白ワインとどうぞ。

ジリジリ辛みが攻めてくる

四川風しびれ鍋

主な材料と下ごしらえ

絹ごし豆腐……1/3～1/2丁（食べやすく切る）
しいたけ……2個（軸を切ってそぎ切り）
豚ばら薄切り肉……80g（5cm幅に切る）
パクチー……適量（ざく切り）

その他の材料

A
- 鶏がらスープの素（顆粒）……小さじ1弱
- しょうゆ、オイスターソース、酒……各大さじ1/2
- 豆板醬《トウバンジャン》……小さじ1
- 水……300mℓ

- ・片栗粉……小さじ2と1/2
- ・ラー油……小さじ2～3
- ・花椒《ホワジャオ》……適量

作り方

1. 豚肉に片栗粉をしっかりまぶす。

2. 鍋にAを煮立て、豚肉を広げながら加え、混ぜながら2分煮る。とろみがついたら、しいたけと豆腐を加え、さらに2分ほどぐつぐつと煮立てる。

3. 仕上げにラー油をまわし入れ、パクチーをのせ、花椒をふる。

舌かしびれる辛さを持つ四川山椒の花椒《ホワジャオ》に唐辛子、ラー油と辛みを集結させた、もともとは真っ赤な油に覆われた『水煮肉片《スイズゥロウピェン》』という四川料理を手軽にアレンジしたもの。辛ウマなしびれ鍋はパクチーとの相性も抜群！　我こそは辛党という方、ぜひお試しを。

リッチでマイルドな煮込み

ビーフストロガノフ鍋

主な材料と下ごしらえ

しめじ……1/2パック
（根元を落としてほぐす）

牛薄切り肉……100g
（2cm幅に切る）

玉ねぎ……1/2個
（縦薄切り）

その他の材料

・薄力粉……大さじ1と1/3
・塩、こしょう……各適量
・バター……15g

A ┌ トマトジュース（無塩）……150mℓ
　│ ケチャップ……大さじ1
　│ 中濃ソース、砂糖……各小さじ1
　│ 洋風スープの素（固形）……1/2個
　└ 生クリーム……50mℓ

・サラダ油……適量

作り方

1. 牛肉は塩、こしょうして薄力粉をまぶす。

2. 鍋にバターを熱し、玉ねぎを2～3分炒める。しんなりしたら油を足して**1**を入れ、牛肉の色が変わるまで炒めあわせる。

3. A、水（50mℓ・分量外）、しめじを加え、ふたをして4～5分、とろみがつくまで煮つめる。塩で味をととのえ、生クリーム（分量外）をたらす。

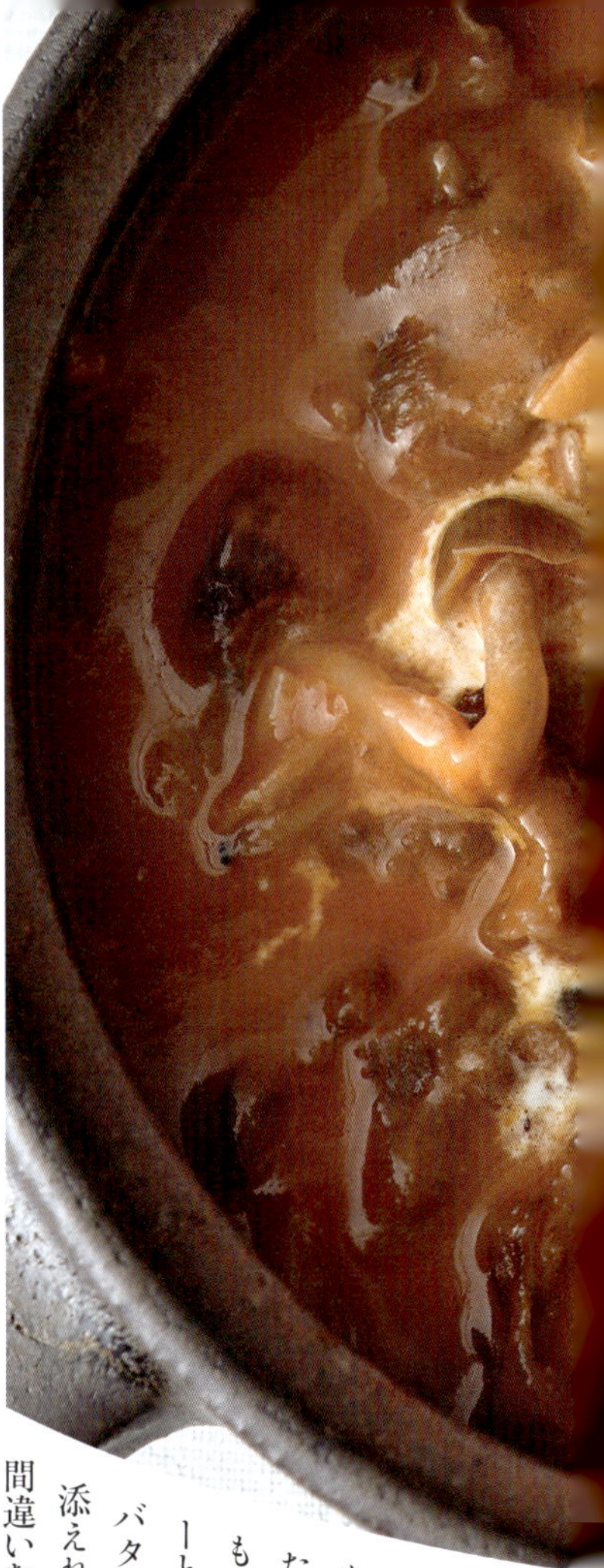

な洋風煮込みも、トマトジュースや生クリームを使って手軽に楽しめます。くたくたに疲れた日こそ、自分自身をおもてなししてみては。バターと刻んだパセリを混ぜたバターライスやバゲットを添えれば、気分が上がること間違いなし。

アメリカ南部の豆料理

チリコンカン鍋

すぐ食べたい
ごはんがすすむ
お財布にやさしい
野菜が食べたい
カロリーが気になる
冷えた体を温めたい
おうち呑みにイイ
ほっと癒やされたい
締めまで楽しい
ちょっとおしゃれに

主な材料と下ごしらえ

じゃが芋……1個
（皮をむく）
大豆（水煮）……50g
合いびき肉……80g

その他の材料

A ┌ トマトジュース（無塩）……1缶（190mℓ）
　 │ クミンパウダー……小さじ1/2
　 │ チリペッパー（または一味唐辛子）
　 │ ……小さじ1/4
　 └ 塩……小さじ1/3～1/2

・オリーブオイル……大さじ1/2
・パクチー……適量

作り方

1. じゃが芋はさっと水にさらし、ラップに包んで電子レンジ（600W）で5分加熱する。

2. 鍋にオリーブオイルを熱し、ひき肉を焼きつけるように炒める。肉の色が変わったら**1**を加え、木べらで粒が少し残る程度に粗めにつぶす。

3. 大豆と**A**を加えて煮立ったら、さらに3～4分煮る。きざんだパクチーをのせる。

ンカンは、つぶしたじゃが芋がポイント。程よいとろみと、食べ応えをプラスしてくれるこの鍋に欠かせない名脇役です。味の決め手はクミンパウダー。辛みのチリペッパーは一味唐辛子でもOK。豆は、キドニービーンズやひよこ豆などお好きなものでも◎。

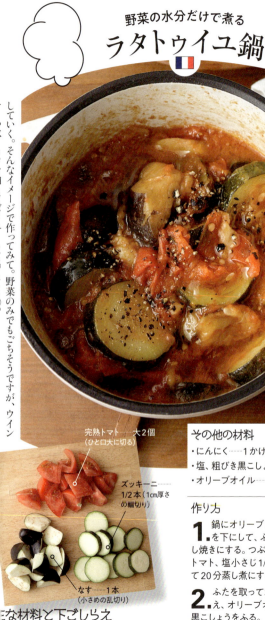

野菜の水分だけで煮る

ラタトゥイユ鍋

野菜たっぷりの夏のごちそう、ラタトゥイユ。野菜の水分をじっくり引き出したら、今度は煮つめながら凝縮した野菜のうまみスープを素材に戻していく。そんなイメージで作ってみて。野菜のみでもごちそうですが、ウインナーやベーコンを加えてボリュームを出しても◎。

完熟トマト……大2個（ひと口大に切る）
ズッキーニ……1/2本（1cm厚さの輪切り）
なす……1本（小さめの乱切り）

主な材料と下ごしらえ

その他の材料

- にんにく……1かけ
- 塩、粗びき黒こしょう……各適量
- オリーブオイル……大さじ2

作り方

1. 鍋にオリーブオイルを熱し、なすの皮面を下にして、ふたをして2～3分中火で蒸し焼きにする。つぶしたにんにく、ズッキーニ、トマト、塩小さじ1/4を加えて混ぜ、ふたをして20分蒸し煮にする。

2. ふたを取って水分を煮つめ、塩で味を調え、オリーブオイル（分量外）を回しかけ、黒こしょうをふる。

ごはんがすすむ汁なし鍋

チャプチェ鍋

調味料を加えた煮汁で春雨を煮てから、最後にしっかり飛ばして汁をなくしたおかず鍋。一味唐辛子などで辛みを足すもよし、にんにくでパンチをきかせるもよし、しいたけやえのきだけ、きくらげなども好相性。たっぷり白ごまをふって。

にんじん……1/4本
(細切り)
ピーマン……1個
(細切り)
春雨(乾燥)
……30g
(半分の長さに切る)
牛薄切り肉……80g
(2~3cm幅に切る)

主な材料と下ごしらえ

その他の材料

A ┌ しょうゆ……小さじ1
 └ ごま油……小さじ1

B ┌ コチュジャン……小さじ2
 │ しょうゆ……小さじ1
 │ 砂糖……小さじ1/2
 └ 水……100mℓ

・サラダ油、ごま油、白いりごま……各適量

作り方

1. 牛肉にAを揉み込む。Bを混ぜておく。

2. 鍋を熱して牛肉を炒め、肉の色が変わったらサラダ油適量を足し、にんじん、ピーマンを炒める。

3. B、春雨を加え、春雨が水分を吸ってやわらかくなるまで3分ほど煮る。ごま油をかけて白ごまをふる。

辛さの中に豚とあさり W《ダブル》のうまみ

スンドゥブチゲ

あさりと豚肉のダブルのうまみが染み出たスープは最強！ 落とした卵を崩して途中でマイルドにするもよし。最後までさわらずに具として食べるもよし。ピリ辛スープにごはんを浸して食べるおいしさたるや！ ベースのスープは手軽な鶏がらの他に、ダシダや、いりこだしでも。

にら……2本（4cm長さに切る）
絹ごし豆腐……1/3丁（スプーンで大きくすくう）
卵……1個
あさり（砂抜き済み）……100g
豚ばら薄切り肉……50g（5cm幅に切る）

主な材料と下ごしらえ

その他の材料

- A
  - コチュジャン……大さじ2/3~1
  - 鶏がらスープの素（顆粒）……小さじ1/2弱
  - しょうゆ……小さじ1/2～1
  - みそ……小さじ1/2～1
  - 一味唐辛子……小さじ1/4
- 酒……大さじ2
- 水……250mℓ
- すりごま……適量

作り方

1. 鍋にあさり、ほぐした豚肉、酒を入れ、ふたをしてあさりの口が開くまで3～4分中火にかける。

2. 水を加えて煮立ったらAで味つけし、豆腐を加えて卵を落とす。卵が好みの半熟具合になるまで火を通し、にらを加え、すりごまをふる。

ペーストとココナッツ缶があれば

グリーンカレー鍋

その昔タイカレーが好きすぎて料理留学をしたほど。ペーストとココナッツミルク缶さえあれば簡単そうだけど調味料が余ってしまったら……？　心配無用！　週に2度作りたくなるおいしさ保証です。ごはんの他にうどんやそうめんをつけて食べるのもおすすめ。パクチーやバジルも添えてね。

なす……1本
（食べやすく切る）
グリーンカレーペースト
……大さじ1
パプリカ（赤）
……1/4個
（1cm幅の細切り）
エリンギ……1本
（食べやすく切る）
鶏もも肉……1/2枚
（小さめのひと口大に切る）

主な材料と下ごしらえ

その他の材料

A ┌ ココナッツミルク、水……各150mℓ
　 │ 鶏がらスープの素（顆粒）……小さじ1/2弱
　 └ ナンプラー、砂糖……各小さじ1

・サラダ油……大さじ2強

作り方

1. 鍋に半量の油を熱し、なすに油をからませ、ふたをして中火で2～3分蒸し焼きにする。

2. なすを端に寄せ、残りの油を足し、グリーンカレーペーストを炒める。香りが立ったらAを加え、煮立ったら、パプリカ以外のエリンギ、鶏もも肉を加えて7～8分煮る。

3. パプリカを加えてさらに1～2分煮る。

パクチーどっさりで召し上がれ

トムヤムクン鍋

酸っぱ辛い、熱狂的ファンを持つタイ料理の定番トムヤムクンも、ビックリするほど小鍋にもってこい。ペーストとナンプラーでスープのベースを作ったら、好みの具材を煮込むだけ。ココナッツミルクを加えるとマイルドな仕上がりに。厚揚げや春雨、じゃが芋なども好相性。

パクチー……適量（葉はざく切り、茎はみじん切り）
ミニトマト……4個
エリンギ……1本（食べやすく切る）
殻付きえび……4尾（殻の上から切り目を入れて背わたを取る）
豚ばら薄切り肉……80g（5cm幅に切る）

主な材料と下ごしらえ

その他の材料

A トムヤムペースト……大さじ1～1と1/2
　ナンプラー……小さじ1/2～1

・水……350mℓ

作り方

1. 鍋に水を沸かし、Aで味つけする。

2. エリンギ、豚肉、えびを加えて火が通るまで煮る。トマトを加えてさっと煮て火を止め、パクチーをのせる。

味変調味料は
3コインから買える幸せ

鍋のお楽しみのひとつとして、覚えておくと便利なのが「味変調味料」。辛みや酸味、スパイスなどをプラスすると、鍋のおいしさが無限に広がって、ひと鍋で2度おいしい！　私が日頃愛用している、おすすめ調味料を紹介します。スーパーや輸入食料品店などで手軽に買えるものばかりです。もちろん鍋以外の料理にもどうぞ。

E | 保存がきくので、あると便利！な「トムヤムペースト」

50ページの「トムヤムクン鍋」で登場している「トムヤムペースト」。びん入りで保存がきくので、チャーハンなどにも活用できます。これがあればなんでもタイ風に。

F | 豊かな香りとしびれる辛さ 中国スパイスの「花《ホワ》椒《ジャオ》」

「花椒」は、四川料理でよく使われるスパイスで、柑橘のような華やかな香りと舌がしびれる辛みが特徴。80ページ「麻婆豆腐鍋」と40ページ「しびれ鍋」には欠かせません。

G | ポトフなどシンプルな鍋のアクセントになる「粒マスタード」

プチプチ食感も楽しい「粒マスタード」は、洋風鍋のアクセントになる使える調味料。122ページの「ポトフ鍋」など、煮込んだ具材に直接つけて楽しんで。

H | ピリ辛から激辛まで、加える量で辛さ加減も自由自在な「豆《トウ》板《バン》醤《ジャン》」

ご存じ中国料理の発酵調味料「豆板醤」。辛みだけでなく、深いうまみも。加える量で辛さが加減できるので、激辛好きはたっぷりと。加熱すると辛みと香りが引き立ちます。

I | 唐辛子に山椒や青のりなどを加えた香り豊かな和の香辛料「黒七味」

京都の老舗・原了郭の香辛料「黒七味」。唐辛子に山椒やごま、麻の実、青のりなど和のスパイスをブレンドした豊かな風味が特徴。116ページの「豚しゃぶ鍋」で登場。

J | 柚子の香りとピリッとした辛みで和風鍋に相性抜群「柚子こしょう」

こちらもおなじみ「柚子こしょう」。さわやかな香りとピリッとした辛みが、シンプルな和風鍋のアクセントに。つけだれに溶いたり、64ページのように鶏だんごに混ぜ込んでも。

K | カレーだけじゃない！ 鍋の調味にも使える「グリーンカレーペースト」

0ページの「グリーンカレー鍋」で登場。青唐辛子をベーに、辛みと複雑なうまみをあわせ持ったタイならではの。チャーハンや炒め物にも使える。

L | ピリ辛好きの食卓の友！「七味唐辛子」は欠かせない

わずと知れた日本の辛み調味料「七味唐辛子」。湯豆から鍋焼きうどんまで、和の鍋ならどんな味つけも引きてくれる万能さが魅力です。食卓に一本！

A | ピリ辛でクセになるタイの調味料「シラチャーソース」

34ページの「ベトナム風牛肉ハーブ鍋」でも紹介している「シラチャーソース」。唐辛子、酢、にんにく、砂糖などが入った辛み調味料。エスニック味を引き立ててくれます。

B | 日本の酢より酸味がまろやかでうまみが強い「チャイニーズ黒酢」

ツンとした酸味が少なくまろやかで、甘い香りがする中国の「黒酢」。日本のものとは原料・製法が異なり、うまみが強いので、味の奥行きが広がっておいしくなります。

C | スパイスたっぷりのピリ辛さ食卓に一本あると便利な「ラー油」

私自身ピリ辛味は大好きなので、「ラー油」は欠かせません。特に唐辛子のほか、ごまや山椒、にんにくなどの香辛料が入ったラー油が大好き。

D | ひとふりでコクが出て、鍋をグンとおいしくしてくれるのが「粉チーズ」

クリームやトマトベースなど、洋風の味つけをグンと格上げしてくれるのが魔法の粉、「粉チーズ」。あとがけはもちろん、塩けやうまみが足りない時に重宝します。

3

定番を制するものは鍋を制する!!

ああ、アレンジ鍋 美味しくって 楽しかった――!!
鍋の 固定観念が ふきとんだ でしょ
そうよね やっぱり外せない……
みんな大好き 王道鍋!!!
ん?
でもたまには 基本の鍋に 立ち戻るのも いいよ!!

定番を制するものは鍋を制する!!

「鍋」って自由！ってわかったけど、
やっぱり「鍋料理」と言ったら頭に思い浮かぶ、
安定感のある王道なおいしさは外せない。
みそベースの石狩鍋に、安定の湯豆腐、博多のにらモツ風、
鶏つくねたっぷりの塩ちゃんこもいいね。
「定番を制するものは鍋を制する」から、ぜひ覚えておきたい。
ひとり鍋はもちろん、彼や友達が来たときも喜ばれるに違いない安定の味なのです。

コクうまなのに軽やかな味わい

石狩鍋

主な材料と下ごしらえ

じゃが芋……1個
（1cm角の棒状に切る）
キャベツ……2～3枚
（150g）（ざく切り）
コーン……
大さじ1強
生鮭（切り身）……
1切れ（4等分に切る）

その他の材料

- だし汁……150mℓ
- A
  - みそ……大さじ1
  - みりん……小さじ1
  - しょうゆ……小さじ1/4
- 無調整豆乳……150mℓ
- バター……5g
- 塩……少々

作り方

1. じゃが芋はさっと水にさらして耐熱皿にのせ、ラップをして電子レンジ（600W）で3分加熱する。鮭は塩をふって5分おき、水けをふき取る。

2. 鍋にキャベツ、じゃが芋、鮭の順に重ね、だし汁を加えてふたをして中火にかける。煮立ったらキャベツがやわらかくなるまで6～8分煮る。

3. 豆乳を加え、Aで味つけし、煮立たせないように2～3分弱火にかけ、コーンを散らしてバターを落とす。

豆乳ベースのだしに生鮭のうまみを溶け込ませた、マイルドかつやさしい味わいにほっと癒やされること間違いなし。軽やかなのにしっかりとした満足感は、みそとバターで加えるコクがポイント。海老や帆立て、アスパラなど北海道を連想させる具材はだいたい好相性！

その期待、裏切りません

まるでモツ鍋

主な材料と下ごしらえ

キャベツ……3枚（200g）
（ざく切り）
豚ばら薄切り肉……
80〜100g（5cm幅に
切る）
にんにく……
1〜2かけ（薄切り）
にら……1/4束
（5cm長さに切る）

その他の材料

A ┌ 白だし（濃縮タイプ）……大さじ2〜3
　│ 酒……大さじ2
　└ 水……300mℓ

・白すりごま、一味唐辛子……各適量

作り方

1. 鍋にキャベツ、豚肉、にんにく（仕上げ用を少量残す）をミルフィーユ状に交互に重ね、Aを注ぐ。ふたをして中火にかけ、煮立ったらキャベツがやわらかくなるまで8〜10分煮る。

2. キャベツがくったりしたら、にらをのせ、残りのにんにく、すりごま、一味唐辛子を散らし、ひと煮立ちさせる。

お店で食べる「モツ鍋」そっくりなこちら、ご安心ください、ちゃんとモツ鍋のおいしさです。白だし＋たっぷりにんにくに、豚ばらの脂が加われば口いっぱいに広がるモツ鍋感!!　スープが染み込んだくたくたキャベツは無限に食べられます。締めはチャンポン麺で決まり！

溶き卵で楽しむ親子鍋

鶏すき鍋

主な材料と下ごしらえ

春菊……1/2袋（3等分の長さに切る）
長ねぎ……1本（斜め切り）
鶏もも肉……200g（1.5cm幅のそぎ切りに）
ミニトマト……3〜4個（へたを取る）

その他の材料

A ┌ しょうゆ、砂糖……各大さじ2
　 └ みりん……大さじ1

・ごま油……小さじ1
・卵……1個

作り方

1. スキレットや小さめのフライパンにごま油を熱し、長ねぎ、鶏肉の皮面を焼く。

2. 鶏肉に焼き色がついたら裏返して火が通るまで焼き、春菊、ミニトマトを加える。混ぜ合わせたAをまわしかけて煮からめる。卵を割り、つけながら食べる。

スノカよくて食べ応えもあって、手軽に楽しめる、いいこと尽くしの鶏すき鍋。みんな大好きな甘じょっぱい照り焼きだれをまとった鶏肉を、溶き卵にダイブさせれば、はぁ、おいしい、幸せ♡　鶏肉はごま油で香ばしく皮目を焼き付けることでおいしさがアップします。

トッピングいろいろで楽しむ

常夜鍋

主な材料と下ごしらえ

ほうれん草……1/3～1/2袋（半分の長さに切る）
豚ロースしゃぶしゃぶ用肉……80～100g
油揚げ……1枚（5等分に切る）

その他の材料

- 昆布（5㎝角）……1枚
- 水……350mℓ
- 酒……大さじ2
- 青ねぎの小口切り、大根おろし、柚子こしょう、たたき梅など……各適量
- ぽん酢しょうゆ……適量

作り方

1. 鍋に昆布と水を入れて弱めの中火にかける。

2. 煮立ったら酒を加え、豚肉、ほうれん草、油揚げを入れて肉に火が通るまで煮る。好みの薬味や調味料を入れたぽん酢しょうゆにつけて食べる。

昆布なしに具材を入れてサッと煮るだけというこの上ない手軽さが魅力。調理に手間がかからない分、つけだれに入れるトッピングを増やして食卓での味変を楽しむべし。すりごま、ラー油、わさび、豆《トウ》板《バン》醤《ジャン》、冷蔵庫に眠っている子らの出番です！

その日の気分で具材を決めて

鶏つくねの塩ちゃんこ鍋

ちゃんこ鍋にはどうやら定義はないそうです。塩、みそ、しょうゆなどのつゆをベースに、肉、野菜など様々な具材を煮込んで味の融合を楽しむ。とは言え、お相撲さんがパワーチャージに食べるイメージなので、にんにくや柚子こしょうなどパンチを効かせて仕上げてみました。

水菜……1株
（4等分の長さに切る）
にんにく……
1かけ（薄切り）
油揚げ……1枚
（6等分に切る）
鶏ももひき肉……120g
（Aを加えてよく練る）
しめじ……1/2袋（石づきを落としてほぐす）

主な材料と下ごしらえ

つくねの調味料

A
- しょうがのすりおろし……小さじ1
- 柚子こしょう……小さじ1/3
- 酒……大さじ1
- 塩……小さじ1/4

その他の材料

B
- 鶏がらスープの素（顆粒）……小さじ1
- 水……400mℓ
- 塩……ふたつまみ

・粗びき黒こしょう……適量

作り方

1. 鍋にBを入れて火にかけ、煮立ったら肉だねをスプーンでだんご状に丸めて煮汁に落とす。

2. 3〜4分煮たら残りの具材も入れ、野菜に火が通るまで煮る。粗びき黒こしょうをふる。

シンプルの極み

湯豆腐

給料日前の節約やダイエットにもってこいの湯豆腐も、おいしい豆腐やポン酢を使うとしみじみその素朴な味わいに開眼します。豆腐は煮すぎると「す」が入ってしまうので、ゆらゆらとやさしく踊るくらいの火加減で豆腐が芯まで温まったところが食べごろです。

えのきだけ……1/2袋（50g）
（石づきを切る）
さつま揚げ……
2枚（斜め半分の
そぎ切り）
ほうれん草……1/2束
（半分の長さに切る）
絹ごし豆腐……1丁
（食べやすく切る）

主な材料と下ごしらえ

その他の材料

- 昆布（2cm角）……1枚
- 青ねぎの小口切り、柚子こしょう……各適宜
- ぽん酢しょうゆ……適量

作り方

1. 鍋に昆布と水を7分目まで入れて弱めの中火にかける。

2. 煮立ったら具材を入れ、弱火にし、2〜3分煮る。好みの薬味を加えたぽん酢しょうゆにつけて食べる。

ブレ知らずの鉄板鍋

豚キムチーズ鍋

発酵食品同士のキムチ×チーズの相性は言わずもがな。私はここに納豆も入れちゃいます。キムチの母なる包容力に身を委ねれば、野菜はもちろん、豆腐や厚揚げなどの大豆製品、魚介だっておいしくまとまります。キムチの底力を信じて冷蔵庫掃除もいけちゃう優秀鍋。

エリンギ……大1本（縦4等分にして半分の長さに切る）
ピザ用シュレッドチーズ……20g
白菜キムチ……60～80g（大きければ切る）
豚ばらしゃぶしゃぶ用肉……100g（食べやすく切る）

な材料と下ごしらえ

その他の材料

・だし汁……300mℓ

A ┌ みそ……大さじ1/2
　 └ コチュジャン……大さじ1

・青ねぎ……適量

作り方

1. 鍋にだし汁を煮立て、豚肉とエリンギを加えて中火で煮る。

2. 肉に火が通ったらAで味つけし、キムチを加えてチーズを散らす。ひと煮立ちしたら、小口切りにした青ねぎを散らす。

"揚げ玉"が救世主

鍋焼きうどん

鍋焼きうどんに天ぷらは欠かせない。でも、ひとり分の天ぷらを揚げるなんて非現実的。そんなときは揚げ玉がお役立ち！ ちくわと合わせればちくわ天、えびと合わせればえび天気分に！ 小鍋には十分のクオリティです。

冷凍うどん……1玉
（電子レンジで解凍）
揚げ玉……適量
卵……1個
ちくわ……1本
（斜め半分に切る）

主な材料と下ごしらえ

その他の材料

- A
  - だし汁……350mℓ
  - みりん、薄口しょうゆ……各小さじ1
  - 塩……ふたつまみ
- 青ねぎ……1本
- 七味唐辛子……適宜

作り方

1. 鍋にAを煮立て、うどんとちくわを入れて2～3分煮る。
2. 1に卵を落とし、好みの半熟具合になるまで煮る。揚げ玉と斜め切りにした青ねぎを散らし、好みで七味唐辛子をふる。

サッと昆布だしにくぐらせて

ぶりしゃぶ

仕事帰りのスーパーでぶりの刺身がお値引きになってたら、今夜はぶりしゃぶに決まり！ 刺身で食べられる新鮮なぶりはサッと昆布だしにくぐらせてレアしゃぶで召し上がれ。合わせる野菜もすぐに火が通るものをチョイスして。

豆苗……1/2束
（半分の長さに切る）
長ねぎ……1本
（薄い斜め切り）
ぶりの刺身（しゃぶしゃぶ用薄切り）……80〜100g

主な材料と下ごしらえ

その他の材料

- 昆布（3㎝角）……1枚
- 水……適量
- 青ねぎの小口切り、大根おろし、七味唐辛子……各適宜
- ぽん酢しょうゆ……適量

作り方

1. 鍋に昆布と水を入れて弱めの中火にかける。
2. 煮立ったら、豆苗、長ねぎをさっと煮て、ぶりにも軽く火を通す。好みの薬味などを加えたぽん酢しょうゆにつけて食べる。

箸休めのひんやりメニュー その1

あつあつの小鍋に合う、小さな箸休めメニューを紹介します。あと一皿欲しいときに役立つ小さな副菜から、ちょっと飲みたいときのおつまみなど、ササッとできるものばかりです。分量もお好みでアレンジしてみて。

発酵食品同士で相性抜群

クリームチーズのキムチあえ

クリームチーズは食べやすく切って、同量程度のキムチとよくあえ、白ごまをふる。

明太子バンザイ！　塩けが絶妙

アボカドめんたい

アボカド1/2個を角切りにする。ほぐした明太子とマヨネーズを混ぜ、アボカドとあえる。

のりの「パリッ」がやみつき

めんたいのりチー

食べやすく切ったカマンベールチーズに、好みの量の明太子をのせる。のりではさんで食べる。

パリポリ＆シャキシャキ食感

きゅうりとみょうがの梅肉あえ

きゅうりは乱切り、みょうがは縦薄切にする。たたいた梅干し1個分に、み砂糖、白すりごま各小さじ1/2ほど混ぜ、きゅうりとみょうがをあえる。量の麺つゆを加えてもおいしい。

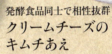

柚子こしょうがいい仕事をします

ちくわときゅうりの柚子マヨあえ

ちくわときゅうりは大きさをそろえて斜め薄切りにする。マヨネーズに少量の柚子こしょうを混ぜ、ちくわときゅうりをあえる。

酸味と塩けの絶妙なバランス

アンチョビトマトサラダ

トマト小1個はくし形切りにし、みじん切りにしたアンチョビフィレ1枚分とオリーブオイルであえ、黒こしょうをふる。

ごま油の風味にそそられる

なすのナムル

なすは縦半分に切ってから斜め薄切りにし、大葉はちぎる。白だし（濃縮タイプ）少々とごま油をもみ込み、白すりごまをふる。

香ばしえびの白家製ふりかけ

えび塩やっこ

桜えび大さじ1を耐熱皿に広げ、電子レンジに入れてラップなしで30秒加熱する。冷ましてから、指先で粗くくだいて豆腐にのせ、塩をふってごま油をかける。

4

魅惑のあんかけ倶楽部へようこそ

八宝菜
海老チリ
麻婆豆腐
かに玉
今夜は中華な気分……
オハヨー!!
でも……
スープや副菜まで作るのはメンドウだしなあ
ん?
それなら"ひと鍋"で完結できるよ!!
ジャーン

魅惑の
あんかけ倶楽部へようこそ

きらりんと光輝く光沢に、いつまでも続くアツアツ、ぐつぐつ……。
スープにとろみをつけるだけで手に入る、
圧倒的幸福感。それこそが「あ・ん・か・け」です。

水溶き片栗粉の魔法にかかれば、麻婆豆腐や八宝菜などの中華メニューはお手の物
牛乳ベースだって、おそば屋さん風のカレーだって守備範囲。
ごはんや麺類など炭水化物との相性は言わずもがな、
とろみがごはんや麺にからまって、おかず感も増し増しです。

「あん」を好きなだけかけて食べる満足感。
一度ハマったら抜け出せない！

カリカリ焼きそばとセットで楽しんで

白菜と鶏のオイスターあんかけ鍋

主な材料と下ごしらえ

白菜……2枚（200g）
（1.5cm幅に切る）
きくらげ（乾燥）……
大さじ1/2（水で戻して食べやすく切る）
鶏もも肉……1/2枚
（1cm幅に切る）

その他の材料

- A
  - 鶏がらスープの素（顆粒）……小さじ1弱
  - 酒、オイスターソース……各大さじ1
  - 水……150mℓ
- B
  - 片栗粉……大さじ1
  - 水……大さじ1
- ・塩、こしょう……各少々
- ・ごま油……適量

作り方

1. 鶏肉は塩、こしょうをふる。

2. 鍋にごま油を熱し、鶏肉の皮面をじっくり焼いて焼き色をつける。

3. 白菜を加えてさっと混ぜ、**A**を加えてふたをして中火で8〜9分、白菜がやわらかくなるまで煮る。きくらげを加え、火を止めて**B**を混ぜた水溶き片栗粉でとろみづけし、再び火にかけて1〜2分煮立てる。好みでからしやカリカリ焼きそばを添える。

［カリカリ焼きそばの作り方］焼きそば麺1玉は流水でほぐしてから、サラダ油を熱したフライパンで炒める。全体に油がまわったら丸く成形して、サラダ油大さじ1を足して両面をこんがり焼く。

淡白な印象だが実はうまみ成分の強い白菜は、鶏と合わせてオイスターソースのあんで包み込めば至福の味わい。短時間でくったりするように白菜は繊維を断ち切るように細切りにして。とろとろあんに、カリカリ麺のコントラストが食欲を刺激します。

まるで定番のような相性のよさ

サンラーたら鍋

主な材料と下ごしらえ

たら（切り身）……1切れ（4等分に切り、塩少々をふって5分おき、水けをふく）
パクチー……適量（ざく切りに）
卵……1個（溶きほぐす）
豆腐……1/4～1/3丁（手で食べやすくちぎる）

その他の材料

A
- 鶏がらスープの素（顆粒）……小さじ1弱
- しょうゆ、オイスターソース……各小さじ2/3
- 片栗粉……小さじ2と1/2
- 水……350mℓ

・ラー油、酢……各適量

作り方

1. 鍋にAを入れて火にかける。混ぜながら煮立て、とろみがついたら卵をまわし入れる。

2. 片栗粉（分量外）をまぶしたたらと豆腐を加えて2分ほどぐつぐつと煮立て、ラー油と酢（各小さじ1程度）をまわしかけ、パクチーをのせる。

鍋の定番食材豆腐やたらはヘルシーな反面、淡白なので物足りなさを感じることも。そんな時はラー油と酢を生かした酸辣湯《サンラータン》でパンチを足せば即解決！　そそる見た目だけでなく、食欲増進効果も。ギャグのようなネーミングも食べれば納得します。

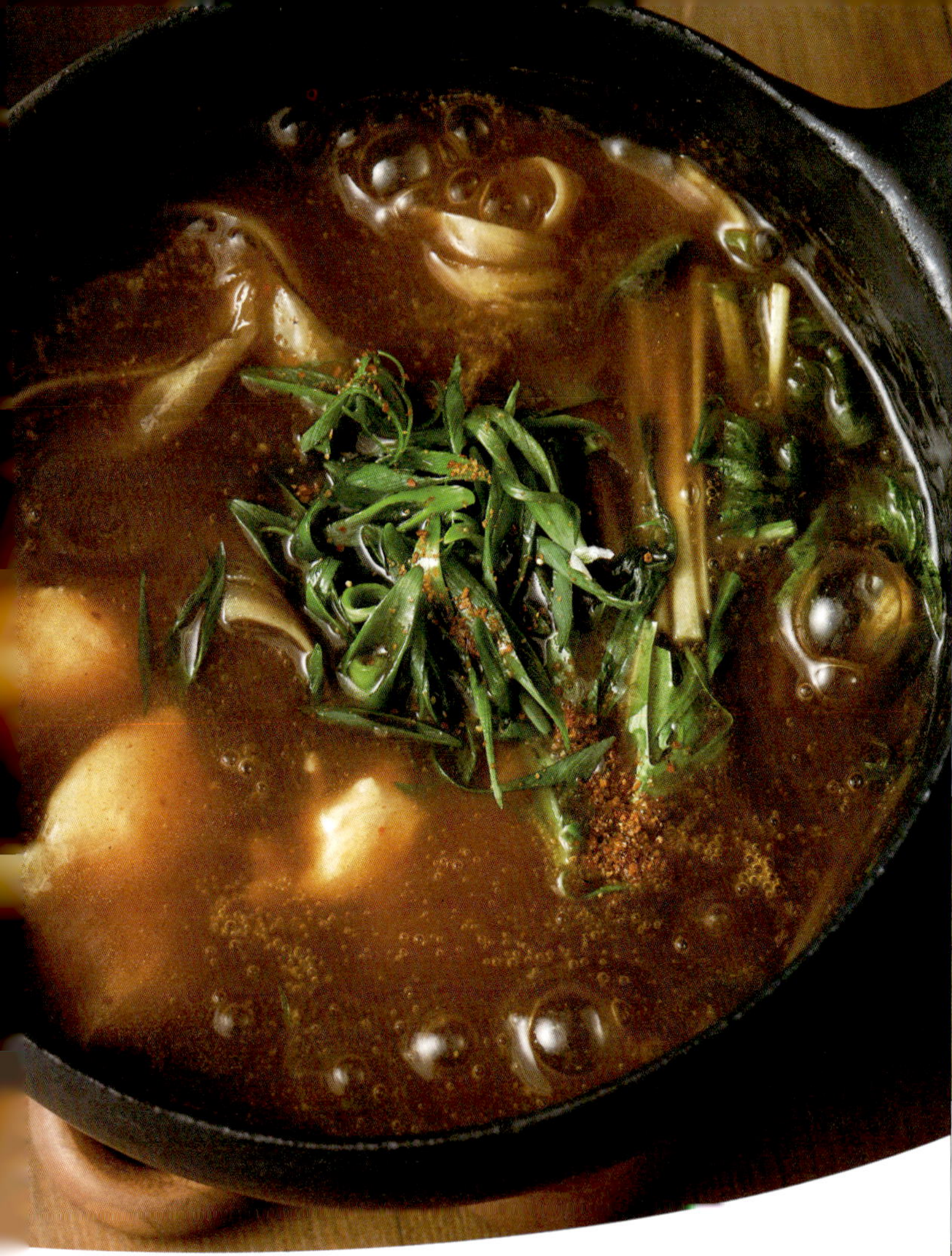

おそば屋さんのあの味を家で

和風カレーあんかけ鍋

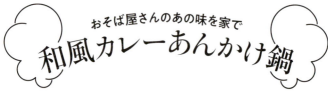

主な材料と下ごしらえ

ささみ……小2本
（ひと口大のそぎ切りに）

ごぼう……1/2本
（ピーラーで薄くスライスする）

水菜……1株
（5cm長さに切る）

その他の材料

- 片栗粉……小さじ1
- A
  - 麺つゆ（3倍濃縮）……大さじ1
  - 片栗粉……小さじ2
  - 水……350mℓ
- カレールウ……30g
- 青ねぎの斜め切り、一味唐辛子……各適宜
- 塩……少々

作り方

1. ささみは塩をふり片栗粉をまぶす。

2. 鍋にAを入れて混ぜながら中火にかけ、とろみがついたら火を止めてきざんだカレールウを加え、溶かす。

3. ささみとごぼうを加えて火が通るまで煮る。水菜を加え、好みで青ねぎをのせ、一味をふる。

した。包容力抜群のカレールウは、どんな具材をもまとめてくれますが、ごぼうやれんこん、お揚げなどで和テイストを意識して。そばとの相性は言わずもがな、揚げ餅や焼き餅のドロップインも◎。クリーミーにしたい時は牛乳をひと回し。

豆腐は切らずに大胆投入！

麻婆豆腐鍋

主な材料と下ごしらえ

絹ごし豆腐……1/2丁
（200g）
豚ひき肉……
100g
パクチー……2～3本
（ざく切りに）

その他の材料

・豆板醤《トウバンジャン》……小さじ1

A
- しょうがのすりおろし……小さじ1
- しょうゆ……大さじ1/2
- オイスターソース……小さじ2/3
- 鶏がらスープの素（顆粒）……小さじ1/2
- 甜麺醤《テンメンジャン》……小さじ2
- 酒……大さじ1
- 水……130mℓ

B
- 片栗粉……大さじ1
- 水……大さじ1

・ラー油……適量

・花椒《ホワジャオ》……適宜

・サラダ油……大さじ1

作り方

1. 鍋に油を熱し、豚肉を焼きつける。焼き色がついてポロポロになったら豆板醤を加えて炒め合わせる。香りが出たら**A**を加え煮立て、豆腐を加えて、ふたをして5分煮る。

2. 火を止め、**B**を混ぜた水溶き片栗粉を少量ずつ混ぜながら加えてとろみづけし、1～2分ぐつぐつ煮立てる。ラー油をまわしかけ、パクチーをのせ、好みで花椒をふる。

先にくずして混ぜるもよし、すくいながら食べるのもよし。豆腐とひき肉、調味料だけでハッピーな気分をもたらしてくれる麻婆豆腐には常々感謝します。ちなみに私は、花椒《ホワジャオ》増し増し、ぐちゃ混ぜ、ごはんを·in、パクチー山盛り派。

八宝菜よりちょっと気楽！

三宝菜鍋

とろんと煮えた白菜に、ぷりぷりの魚介が入れば〝三宝菜〟だって立派なご馳走！　シーフードミックスは大粒のものを選んで。長時間加熱すると身がギュッと硬く縮んでしまうので、さっと加熱してぷりぷりをキープして。うずらの卵を入れるとごちそう度が増します。

白菜……2枚（200g、葉はざ
切り、芯は3cm幅のそぎ切り）

きくらげ（乾燥）……大さじ1/2（水で戻して食べやすく切る）

シーフードミックス（冷凍・大粒）……130〜150g

な材料と下ごしらえ

その他の材料

A
- 鶏がらスープの素（顆粒）……小さじ2/3
- オイスターソース……小さじ1強
- 酒……大さじ1
- 塩……ひとつまみ
- 水……100mℓ

B
- 片栗粉……小さじ2と1/2
- 水……大さじ1

・ごま油……適量

作り方

1. 鍋に白菜とAを入れ、ふたをして中火にかけ、煮立ったら8分煮る。凍ったままのシーフードミックス、きくらげを加えて混ぜ2分煮る。

2. 火を止め、Bを混ぜた水溶き片栗粉でとろみをつけ、さらに1〜2分ぐつぐつと煮立て、ごま油をまわしかける。

材料ふたつの潔さが魅力

白菜ベーコンのクリーム鍋

とろとろ白菜にベーコンのうまみとベースの鶏がらスープの塩にごま油の香りが見事にマッチした、一見洋風、食べたら中華なクリーム鍋です。余力があればせん切りしょうがを加えるとなおよし。エリンギもよく合います。

白菜……2枚
(200g、葉はざく切り、芯は3cm幅のそぎ切り)
スライスベーコン
……2枚(3cm幅に切る)

主な材料と下ごしらえ

その他の材料

A
- 鶏がらスープの素(顆粒)……小さじ2/3
- 塩……ひとつまみ
- 水……50mℓ

B
- 牛乳……100mℓ
- 片栗粉……大さじ1/2

・粗びき黒こしょう、ごま油……各適量

作り方

1. 鍋に白菜とベーコンを交互に敷きつめ、Aを入れる。ふたをして中火にかけ、煮立ったら8~9分蒸し煮にする。

2. 白菜がやわらかくなったら火を弱め、よく混ぜたBを加える。混ぜながら、とろみがついたら、1~2分ぐつぐつと煮立て、ごま油をまわしかけ、黒こしょうをふる。

トマト2WAY活用

フレッシュトマトのたらチリ鍋

トマトは鍋のベース&具材のW《ダブル》使い。フレッシュならではのみずみずしさと、とろんとした口当たりがたまりません。トマトは長く加熱しすぎるとくずれていなくなってしまうので、短時間でグツグツ煮立てて仕上げ、端が少し煮くずれる

トマト……大1個
（大きめのひと口大に切る）
長ねぎ……10cm
（みじん切り）
たら（切り身）……1切れ
（4等分に切る）

主な材料と下ごしらえ

その他の材料

- 塩、片栗粉……各適量
- A
  - 鶏がらスープの素（顆粒）……小さじ1弱
  - 豆板醤《トウバンジャン》……小さじ1/2～1
  - ケチャップ……大さじ1
  - しょうゆ……小さじ1弱
  - 砂糖……小さじ1/4
  - 片栗粉……小さじ2強
  - 水……150mℓ
- ごま油……適量

作り方

1. たらは塩をふって5分ほどおき、水けをふく。片栗粉を薄くまぶす。

2. 鍋に**A**を入れ混ぜながら中火にかけ、とろみがついたら、トマトと**1**を加えて2分ほどぐつぐつと煮立てる。ごま油をまわしかけ、長ねぎを散らす。

ふわとろ卵とじに癒やされる

かにと豆腐の中華あんかけ鍋

かにのほぐし身は、カニ缶でも、かに風味かまぼこでもOK。鶏がらスープにオイスターソースでコクとうまみを加えたやさしいあんかけは、ごはんにかけて雑炊風に楽しんでも。溶き卵はスープにとろみがついてきちんと煮立ったタイミングで流し入れるとふんわりきれいに広がります。

絹ごし豆腐
1/2丁（食べやすく切る）
かにのほぐし身
……40g
卵……1個（溶きほぐす）

主な材料と下ごしらえ

その他の材料

- A
  - 鶏がらスープの素（顆粒）……小さじ1弱
  - オイスターソース……小さじ2/3
  - 片栗粉……小さじ2と1/2
  - 塩……ふたつまみ
  - 水……300mℓ
- 青ねぎの小口切り、ごま油……各適量

作り方

1. 鍋にAを入れ混ぜながらとろみがつくまで加熱する。溶き卵をまわし入れ、かにと豆腐を加え、ぐつぐつと2分ほど煮立てる。

2. ごま油をまわしかけ、青ねぎを散らす。

白米ともビールとも相性抜群

豚キムチあんかけ鍋

みんなのアイドル豚キムチも熱々のあんでとじちゃいました。とろみに身をゆだねることで、いつまでもほかほか、食べ応えも、満足度もUP！　もやし、にら、卵、厚揚げ、あさり、納豆、チーズ……、合わない食材を見つける方が難しい。好みで辛みを足しても。

えのきだけ……1/2袋（50g）
（根元を切って半分の長さに切る）
白菜キムチ
……100g
豚ばら薄切り肉……100g
（5cm幅に切る）

主な材料と下ごしらえ

その他の材料

A
- 麺つゆ（3倍濃縮）……小さじ2
- みそ……小さじ1強
- 片栗粉……小さじ2
- 水……300mℓ

・ごま油……小さじ1

・青ねぎの小口切り、白すりごま、ごま油……各適量

作り方

1. 鍋にごま油を熱し、豚肉を炒める。肉の色が変わったら、Aを加えて混ぜながらとろみをつける。えのきだけ、キムチを加えて、2分ほどぐつぐつ煮立てる。

2. ごま油をまわしかけ、青ねぎとすりごまを散らす。

箸休めのひんやりメニュー その2

揚げ玉散らしでうまみがアップ

オニスラサラダ

玉ねぎはごく薄切りにして水にさらす。水けをきって器に盛り、揚げ玉を散らして七味唐辛子をふり、ぽん酢しょうゆをかける。

ビストロ風小鍋と合わせたい

りんごとゴルゴンゾーラ

りんごは小さめに切り、粗くくだいたくるみ、細かくちぎったゴルゴンゾーラチーズを混ぜ、はちみつをかける。

ちょっと野菜を食べたいときにも

セロリの塩昆布

セロリ1/3本は斜め薄切りにして器に盛る。塩昆布を散らして、ごま油をひとまわしかける。

冷やした白ワインも進みそう

ラムレーズンクリームディップ

クリームチーズ50gは室温でやわらかくし、砂糖小さじ1、レーズン大さじ1、ラム酒小さじ1/2を混ぜる。薄切りのバゲットやクラッカーなどとともに。

食後はさっぱり
デザートがなくちゃ

パイナップルの
シナモンマリネ

カットパインにはちみつとシナモンを加えてあえる。ちぎったミントの葉を加えてもGOOD。

くずし豆腐がおいしさのカギ

ザーサイやっこ

豆腐は粗くくずす。きざんだ味つけザーサイを混ぜ、小口切りの青ねぎをのせ、ごま油をまわしかける。

生で食べる春菊の
おいしさたるや

しらすと春菊の
サラダ

春菊は葉をちぎって器に盛り、しらすを散らす。塩、粗びき黒こしょうをふり、オリーブオイルをまわしかける。

どんな野菜にも合う万能な味

梅マヨディップ

梅肉をたたき、マヨネーズと麺つゆ少々を混ぜる。甘めが好みなら、はちみつ少々を混ぜてもよい。きゅうりなど好みの野菜につけて食べる。

5

カラダもココロもＨＯＴ

癒やしのほっと
いたわり鍋

忙しい日がつづくと……
はぁ今日も残業……
ただいまー!!
最近自炊できてないなー
おかえり
かれてるけど ゃんとしたもの たべたい!!
ジャーン!!
そんな時こそ

カラダもココロもHOT
癒やしのほっといたわり鍋

週の後半、ちょっと疲れがたまっているとき、
外食が続いて、胃腸に負担をかけているなと感じたとき、
あんまり食欲がなくて、あっさりとやさしいごはんが食べたいとき。
そんなときにおすすめなのが、ほっとする味つけだったり、
あっさり食べられたり、消化のいい材料や調理法で作ったいたわり鍋。
ずっと食べ続けられる飽きのこない味は、心や体の緊張もほぐしてくれそう。
ときにはゆっくり、ごはんの力で自分をいたわって。

揚げなすのおいしさだって小鍋で

なすとささみのおろし煮鍋

主な材料と下ごしらえ

なす……2本（乱切り）
ささみ……2本
（ひと口大のそぎ切り）
大根おろし……3cm分
（軽く水けをしぼる）

その他の材料

- 塩……適量
- 麺つゆ（薄めのストレート）……300mℓ
- 片栗粉……小さじ2
- 青ねぎの小口切り、七味唐辛子、しょうが（すりおろし）……各適量
- サラダ油……大さじ1と1/2

作り方

1. 鍋に油を熱し、なすの皮面を下にしてふたをし、5分中火で蒸し焼きにする。さっと混ぜ、さらに全体がくったりするまで2〜3分加熱する。

2. 麺つゆを加えて、煮立ったら、塩、片栗粉をまぶしたささみを加えて、2〜3分煮る。大根おろし、しょうがをのせ、青ねぎを散らし、唐辛子をふる。

定食屋にあったら、迷わず頼みたくなる和み系！ なすは少し多めの油をまとわせてじっくり蒸し焼きにすることで、くったり、揚げなすのおいしさを再現するのがポイント。ささみは後半に投入してふっくらやわらかに仕上げて。麺つゆは濃すぎないように好みの濃度に調整を。

脱、マンネリ！

豚と白菜のミルフィーユ鍋

主な材料と下ごしらえ

白菜……2～3枚（約300g）
豚ばら薄切り肉……100g
（広げて塩をふる）

その他の材料

A
- 洋風スープの素（固形）……1/2個
- にんにくのすりおろし……適量
- 塩……ふたつまみ
- 水……200mℓ

- ・牛乳……100mℓ
- ・バター……10g
- ・粗びき黒こしょう、粉チーズ……各適量
- ・バゲット……適宜

作り方

1. 白菜の間に豚肉をはさんで重ね、鍋の深さに合わせて4～5cm幅に切る。

2. 鍋に**1**を立てて重ねて詰め、**A**を加えて火にかける。煮立ったらふたをして、中火で白菜がくったりするまで10～12分煮る。

3. 牛乳を加え、煮立ったらバターを落とし、粉チーズと黒こしょうをふる。好みでバゲットを添える。

権を獲得したミルフィーユ鍋。相性のいい豚と白菜は言わずと知れた仲になりました。そうなれば、スープとの組み合わせを楽しんだもん勝ち！ うまみが溶け出たスープに牛乳、バター、粉チーズ。隠し味のにんにくがいい仕事しますよ。

昭和にジャンプ!

ごまみそつみっこ鍋

主な材料と下ごしらえ

鶏もも肉……80g
（小さめひと口大に切る）

つみっこ……Aを合わせ、まとまるまでこねる

油揚げ……1/2枚
（1cm幅に切る）

かぼちゃ……60～80g（7～8mm厚さの食べやすい大きさに切る）

つみっこの材料

A
- 薄力粉……50g
- 水……25mℓ
- 塩……ひとつまみ

その他の材料

- だし汁……350mℓ
- B
  - みそ……大さじ1と1/2
  - しょうゆ……小さじ1/4
  - みりん……大さじ1/2
- 白すりごま……適量

作り方

1. 鍋にだし汁、かぼちゃ、鶏肉を入れて火にかける。煮立ったらAの生地をつまんで鍋に落とし、ふたをして5分ほど煮る。

2. Bで味つけし、油揚げを加えて3分ほど煮て、かぼちゃに火が通ったら、すりごまをふる。

たことがあるであろう、いわゆるすいとんの埼玉県における呼び名です。ひと口食べれば、昭和にワープ！　素朴でほっと癒やされるおいしさです。もちもちつみっこをこね、みそ汁感覚で好きな具材と一緒に煮てみそを溶いたら、コク出しのすりごまをお忘れなく。

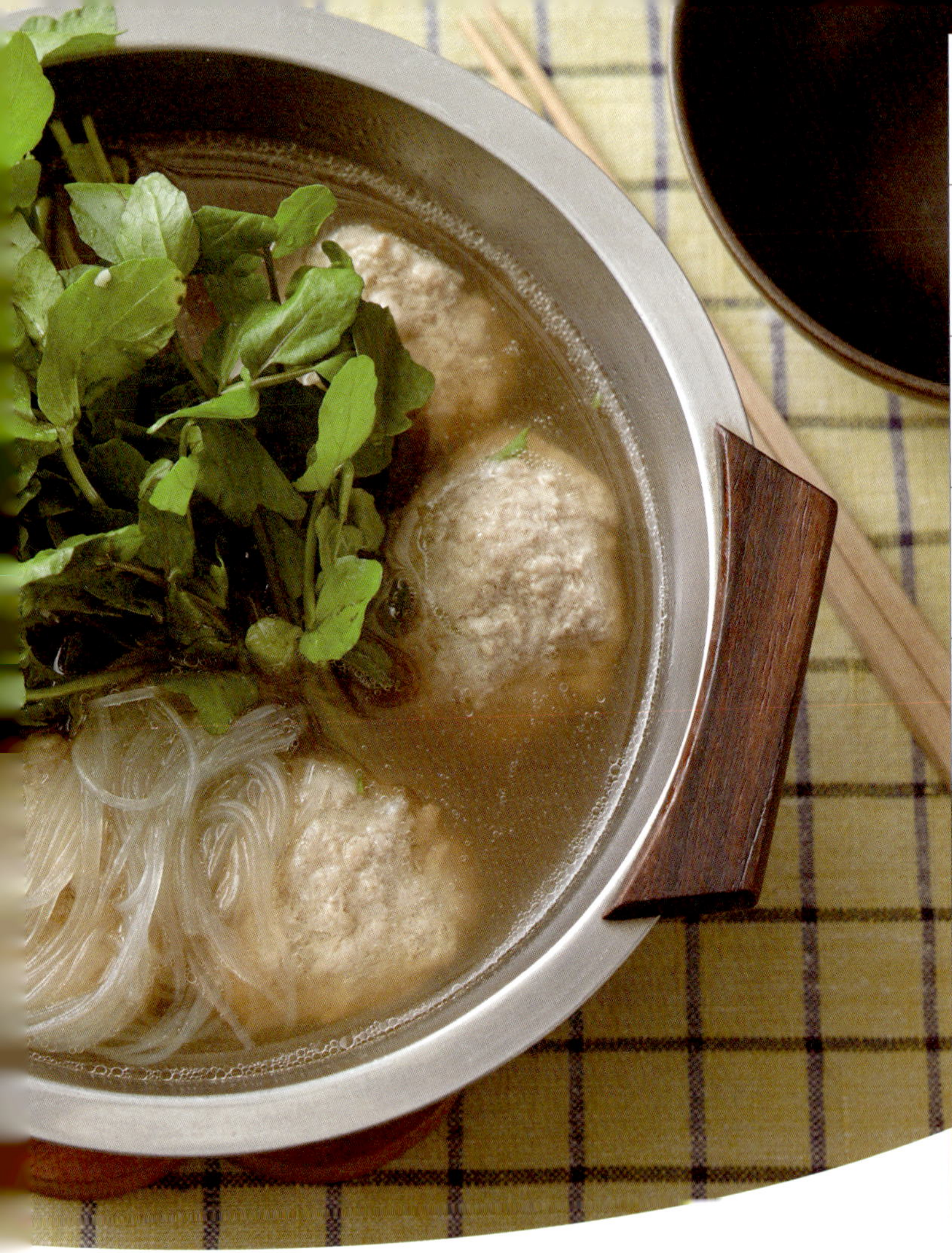

大きめサイズで食べ応えあり！

豚だんごとクレソン鍋

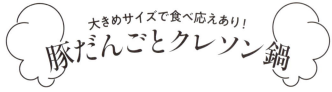

主な材料と下ごしらえ

豚ひき肉……150g（Aを加えて混ぜ、4等分にしてだんご状にする）

クレソン……2束（半分の長さに切る）

春雨（乾燥）……20g（キッチンばさみで半分に切る）

肉だんごの調味料

A
- 溶き卵……1/2個分
- しょうがのすりおろし……小さじ1
- しょうゆ、ごま油……各小さじ1/2
- 塩……小さじ1/4

その他の材料

B
- しょうゆ、オイスターソース……各小さじ2/3
- 酒……大さじ1
- 塩……ふたつまみ
- 水……350mℓ

作り方

1. 鍋にBを入れて煮立てる。肉だんごを加え、ふたをして弱めの中火で7～8分煮る。

2. 春雨を加え、ふたをせずにさらに2分煮る。仕上げにクレソンを加えて火を止める。

獅子頭として
でポピュラーな大きな肉だんご料理を小鍋に詰め込みました。むっちりボリューム満点の肉だんごは、食べ応えだけでなくおいしいおいしいだしが出るのが魅力！　スープも残さず召し上がれ。クレソンの代わりに白菜を一緒に煮てもおいしい！

白だしであっさりツルッと

明太とろろ鍋

とろろのツルッとした舌ざわりのよさと、やわらかな豆腐やささみに、明太子のうまみを掛け合わせたヘルシー鍋。食べる時は全体をやさしく混ぜて、明太子に火が通った頃がぷちぷち食感も楽しめておすすめ。食欲がない時にも。

明太子……1/2腹（1本）
（薄皮を取る）
水菜……1株
（5cm長さに切る）
長芋……80g
（すりおろす）
ささみ……1本
（ひと口大のそぎ切り）
絹ごし豆腐……1/3〜1/2丁（食べやすく切る）

な材料と下ごしらえ

その他の材料

- A 白だし（濃縮タイプ）……大さじ2〜3
- 　 水……350mℓ
- 片栗粉……小さじ1
- 塩……適量

作り方

1. ささみは塩をふって片栗粉をまぶす。
2. 鍋にAを煮立て、豆腐、ささみを入れて火が通るまで煮る。
3. 2に水菜を加え、中央に長芋、明太子の順にのせる。

すぐ食べたい
ごはんがすすむ
お財布にやさしい
野菜が食べたい
カロリーが気になる
冷えた体を温めたい
おうち呑みにイイ
ほっと癒やされたい
締めまで楽しい
ちょっとおしゃれに

鶏ときのこのやさしいハーモニー

きのこのクリーム鍋

きのこは半分はきざんでだし用に、残り半分は具として。鶏肉もひき肉ならうまみを引き出しやすく火の通りも早くて、一石二鳥！　スープの素を使わなくても、味つけは塩のみでほっこりやさしいスープに。きのこは、2種以上を組み合わせた方が味に奥行きが出ます。

まいたけ……1/2パック
（ほぐす）
しめじ……
1パック（石づきを落とし、半量はほぐし、半量はきざむ）
鶏ももひき肉……100g

主な材料と下ごしらえ

その他の材料

- バター……15g
- A ┌ 牛乳……150mℓ
  └ 生クリーム……100mℓ
- 薄力粉……大さじ1
- 塩、粗びき黒こしょう……各適量
- ドライパセリ……適宜

作り方

1. 鍋にバターを熱して溶かし、鶏ひき肉を炒める。色が変わったらきざんだしめじを加えて炒め、塩小さじ1/4をふる。

2. 1に薄力粉を加え、粉っぽさがなくなるまで炒めたらAを少しずつ加えてとろみづけし、残りのきのこを加えて3分ほど煮る。

3. 味を見て薄ければ塩で調え、黒こしょうをふり、あればドライパセリを散らす。

ホットサラダな感覚で

はりはり鍋

しゃぶしゃぶ用の豚肉、ピーラーで薄くスライス大根、生でも食べられる水菜をサッと煮て。くったり煮えた野菜もおいしいですが、野菜のシャキシャキ感を楽しむならはりはり鍋で決まり！　いろんな野菜をたっぷり食べたい時は、火の通りが揃うように切り方を工夫するだけでOK

水菜……2株
(7〜8㎝長さに切る)
大根……1/8本
(ピーラーで薄くスライスする)
豚ばらしゃぶしゃぶ用肉
……80g (食べやすく切る)

主な材料と下ごしらえ

その他の材料

A
- 鶏がらスープの素(顆粒)……小さじ2/3
- 塩……ふたつまみ
- 酒……大さじ1
- 水……350〜400㎖

・ごま油……適量

[たれ]

・ぽん酢、青ねぎの小口切り、しょうがのすりおろし……各適量

作り方

1. 鍋にAを煮立て、豚肉を加えて火が通ったらあくをとる。
2. 水菜と大根も加えてさっと煮て、ごま油をまわしかける。たれにつけながら食べる。

すぐ食べたい
ごはんがすすむ
お財布にやさしい
野菜が食べたい
カロリーが気になる
冷えた体を温めたい
おうち呑みにイイ
ほっと癒やされたい
締めまで楽しい
ちょっとおしゃれに

あさりであっさりシンプルに

あさりとわかめの春雨鍋

あさりが旬を迎える春におすすめなヘルシー鍋。あさりからうまみがたっぷり出るので調味料も控えめに。春はわかめも旬なので、生わかめが手に入ればなおよし。春つながりで、たけのこも相性のよい食材です。

春雨（乾燥）……30g
（キッチンばさみで半分に切る）

わかめ（塩蔵）……20g（塩抜きをして食べやすく切る）

あさり（砂抜き済み）……150g
（殻をすり合わせて水洗い）

主な材料と下ごしらえ

その他の材料

・酒……大さじ3

A ナンプラー……小さじ1弱
　塩……ひとつまみ

・水……300mℓ

作り方

1. 鍋にあさりと酒を入れて、ふたをして中火で3～4分加熱する。

2. あさりの口が開いたら水を足し、Aで味を調える。春雨を加えてやわらかくなったら、わかめを加えてさっと煮る。

風邪のひきはじめを感じたら

かき玉とろみしょうが鍋

しょうがでじんわり身も心も温まるほっこり鍋は、買い物に行かずとも冷蔵庫にある食材を組み合わせて。かき玉をふんわり仕上げるには、先にとろみづけしてだしがしっかり煮立った状態で溶き卵をまわし入れること。すぐには触らずにふわふわと浮いてくるのを待ちます。

ちくわ……1本
（斜め切り）
しょうが……1/2かけ
（すりおろす）
わかめ（乾燥）……3g（水で戻す）
卵……1個
（溶きほぐす）
絹ごし豆腐……1/2丁
（食べやすく切る）

主な材料と下ごしらえ

その他の材料

A ┌ だし汁……350mℓ
　 └ 片栗粉……小さじ2と1/2

・しょうゆ……小さじ1/2

・塩……ふたつまみ

作り方

1. 鍋にAを入れて混ぜながら中火にかけ、とろみがついたら、しょうゆ、塩で味つけする。

2. 1に溶き卵をまわし入れ、ふわっと浮いてきたら、豆腐、ちくわ、わかめを加える。2分ほど煮たら火をとめ、しょうがをのせる。

中華麺

ラーメンスープと考える

素材のうまみが溶けた鍋のスープは、麺を入れても煮込んでも、つけ麺にしてもおいしい！「トムヤムクン鍋」（50ページ）や「豆乳みそバターコーン鍋」（25ページ）のほか、「スンドゥブチゲ」（48ページ）などの韓国味にも。

そば

少しばかりのヘルシーを意識するなら

冷凍そばでも乾麺でもOK。和風にとらわれず、いろんなスープとの相性を楽しんで。「和風カレーあんかけ鍋」（78ページ）のほか、「四川風しびれ鍋」（40ページ）などもおすすめ。

冷凍うどん

そのまま投入しても冷やしてつけ麺にしても

わが家にも常備している便利素材「
凍うどん」。ストライクゾーンの広い
で、例えば「グリーンカレー鍋」（49
ージ）などのアジアなテイストの鍋に
よく合います。讃岐風、稲庭風など
の太さの違いでも楽しめるから、自
に組み合わせてみて。

こんなものも締めになる！

「鍋の締め」ではなく「鍋の友」ともいえる魅惑の炭水化物。
白いご飯もいいけれど、鍋のテイストに合わせて
自由に組み合わせてみたら、もっとおいしい発見ができるかも。
鍋の締めは「雑炊」ばかりじゃもったいない!!

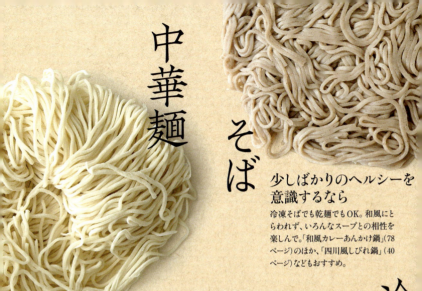

早ゆでパスタ

短時間で火が通るのが魅力。スープパスタに

別ゆでにして鍋に加えてもいいし、スープがたっぷり残っている場合は、半分に折って、乾麺のまま入れてもOK。「巻かないロールキャベツ鍋」（22ページ）や「きのこのクリーム鍋」（101ページ）などの洋風味に合わせてみて。

春雨

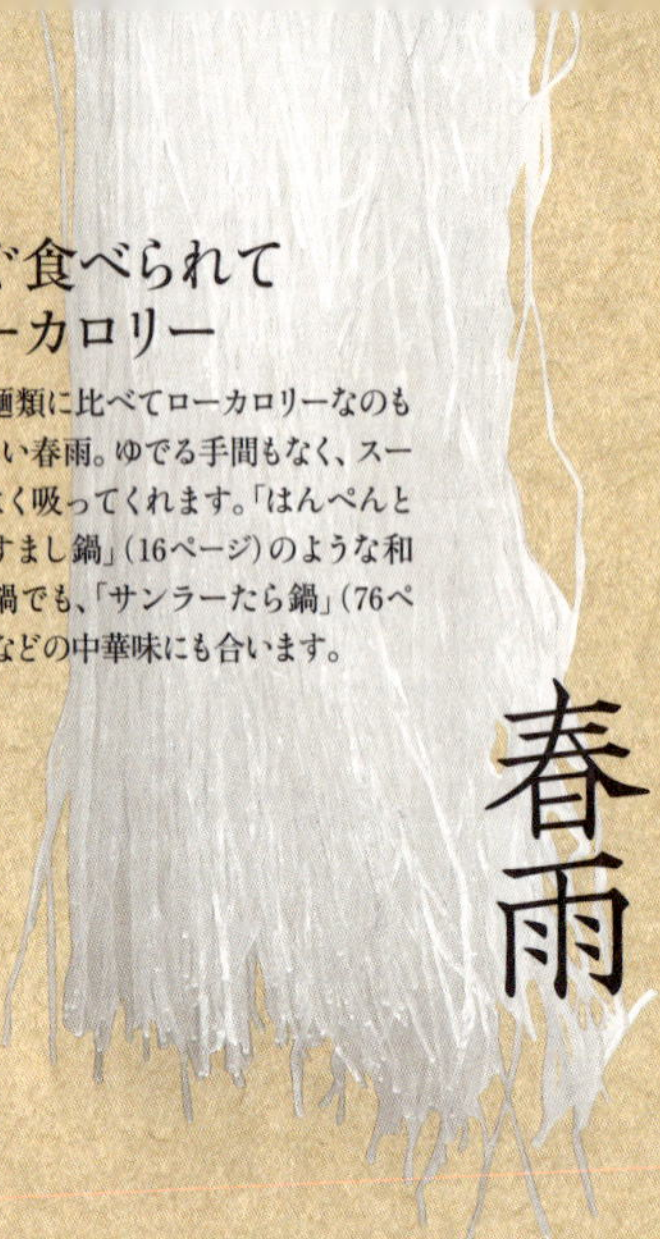

すぐ食べられてローカロリー

他の麺類に比べてローカロリーなのもうれしい春雨。ゆでる手間もなく、スープをよく吸ってくれます。「はんぺんと鶏のすまし鍋」（16ページ）のような和風の鍋でも、「サンラーたら鍋」（76ページ）などの中華味にも合います。

焼きそば

カリカリ焼きそばに熱いあんかけをとろ〜り

「白菜と鶏のオイスターあんかけ鍋」（74ページ）でも紹介しているように、中華味のあんかけ鍋との相性は最強！ひと手間だけど、表面をカリッと焼いた焼きそばのおいしさたるや！「三宝菜鍋」（83ページ）にもGOOD。

バゲット

トーストして浸すのも、フォンデュもいいよ

トーストするのはもちろん、ちょっと硬くなったバゲットだって、スープに浸せばやわらかくなります。フォンデュのように鍋につけながら食べるのも◎。例えば「かきとほうれん草のグラタン鍋」（110ページ）などと。

6

たまには自分へのごほうび

ぜいたくぅ〜鍋

今日は……
TGIF!!
Thank God It's Friday
やったー!
おまけに給料日♡
帰りにデパ地下寄ってお肉とワイン買っちゃお♡
1週間オツカレさま!
いいワインも準備OK!!
今日はぜいたくに……♡
たまってる録画みよーっと

たまには自分へのごほうび
ぜいたくぅ〜〜〜鍋

例えばがんばっていた仕事のヤマを越えたとき、
お給料が入った日、いいことがあったとき、
そしてたまにはぜいたくをしたいとき。
いつもよりちょっといい材料を買って、
いつもよりちょっとだけ手間をかけた鍋を楽しもう。
自分で作れば外食するよりずっとお得感だってあります。
この際、カロリーなんて野暮なことは考えずに、
自分の欲求に素直に耳を傾けて、心の底からおいしさを楽しむのが正解！

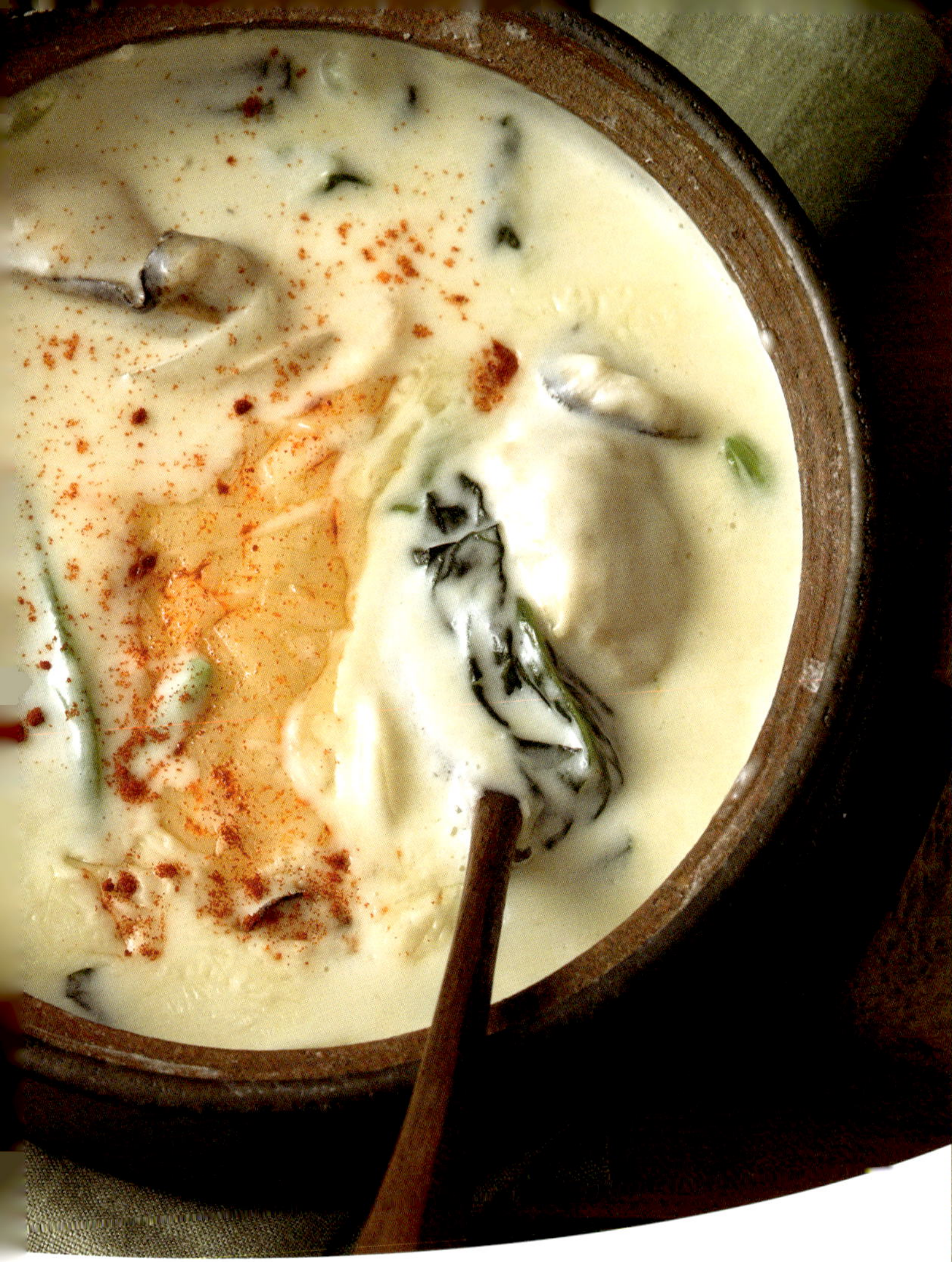

小鍋で味わうビストロ気分

かきとほうれん草のグラタン鍋

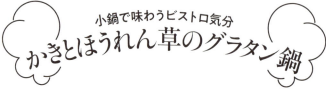

きのうまみエキスがたっぷり溶け込んだごちそうグラタン鍋。手間のかかるイメージのグラタンも小鍋ひとつで案外簡単に作れます。生クリームを使えばよりリッチな味わいですが、全部牛乳でもOK。ここまでくれば、あなたも小鍋上級者!

主な材料と下ごしらえ

ほうれん草……1/4束(4cm長さに切る)

生かき(加熱用)……6〜8粒(塩水でふり洗いする)

玉ねぎ……1/4個(縦薄切り)

その他の材料

A ┌ 牛乳……200mℓ
　└ 生クリーム……50mℓ

・塩……小さじ1/4
・バター……15g
・薄力粉……15g
・ピザ用シュレッドチーズ……20g
・パプリカパウダー……適宜

作り方

1. 鍋にバターを溶かし、玉ねぎと塩ひとつまみを入れてしんなりするまで2〜3分炒める。

2. 薄力粉を加えて炒める。粉っぽさがなくなったら、合わせた**A**を少しずつ加え、そのつど、なめらかになるまで木べらでよく混ぜる。

3. 煮立ったら、ほうれん草とかき、塩を加え、やさしく混ぜながら3〜4分煮る。チーズを散らしふたをして、チーズが溶けたら、あればパプリカパウダーをふる。

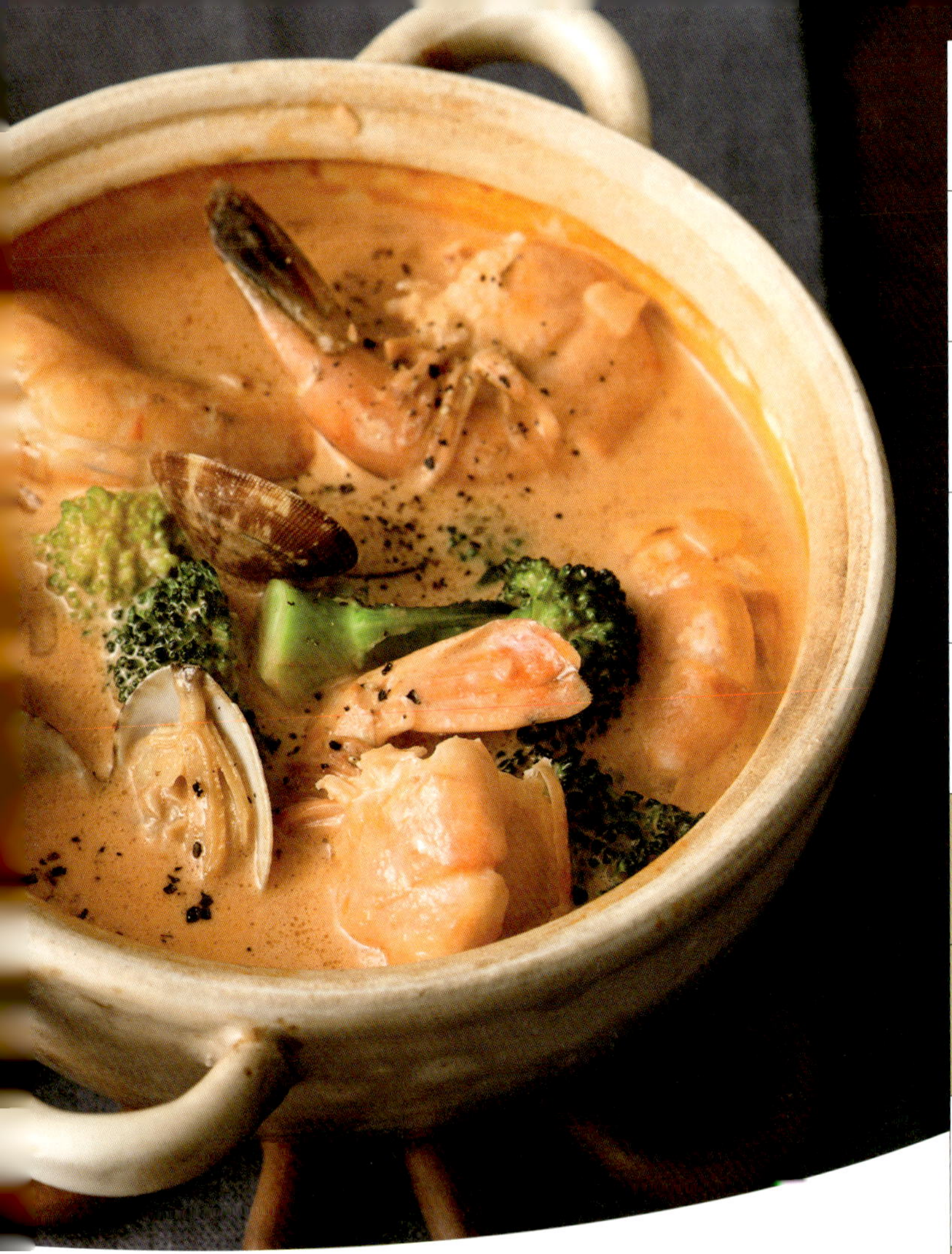

魚介のうまみが溶け込んだ

えびトマトクリーム鍋

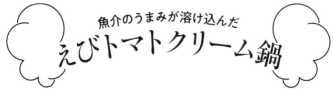

主な材料と下ごしらえ

あさり
（砂抜き済み）……120～150g

ブロッコリー……小房4～6個

玉ねぎ……1/4個
（みじん切り）

殻つきえび……4尾
（殻の上から切り目を入れて背わたを取る）

その他の材料

・白ワイン……大さじ2

A
- トマトジュース（無塩）……1缶（190mℓ）
- 生クリーム……100mℓ
- ケチャップ……小さじ1
- 砂糖……小さじ1/3～1/2
- 塩……小さじ1/4

・オリーブオイル……大さじ1

・粗びき黒こしょう……適量

作り方

1. 鍋にオリーブオイルを熱し、玉ねぎをしんなりするまで2～3分炒める。

2. あさり、えび、白ワインを加え、ふたをしてあさりの口が開くまで2～3分加熱する。

3. A、ブロッコリーを加えて5～6分煮て、黒こしょうをふる。

しに、トマトジュースや生クリームで濃厚かつマイルドに仕上げたぜいたく鍋。ブロッコリーを加えたら、煮つめてうまみとスープの濃度を凝縮させて。チーズを加えてもよし。バゲットをディップしたり、別ゆでした早ゆでマカロニを加えても。

大人のぜいたく

すき焼き

①ちょっといい牛肉を手に入れる。②割り下と一緒にサッと煮からめて野菜が煮える前にまずは肉から卵にどぼん！ 後はお好きに召し上がれ。最後は具材を少し残して、うどんを半玉くらい加えて煮汁をからめた[illegible]すき焼きうどんがオススメ。

えのきだけ……1/3〜1/2袋
（石づきを切る）
春菊……1/3袋
（3等分の長さに切る）
長ねぎ……1/2本
（斜め切り）
薄切りすき焼き
肉……150g

主な材料と下ごしらえ

その他の材料

A ┌ しょうゆ、みりん……各50mℓ
　 │ 酒……25mℓ
　 └ 砂糖……35g

- 卵……1個
- 牛脂またはサラダ油……適量

作り方

1. Aを耐熱容器に合わせ、電子レンジ（600W）で1分30秒ほど加熱してよく混ぜる。

2. 熱した小さめのフライパンに牛脂を溶かし（またはサラダ油を熱し）、牛肉と野菜を並べる。1を適量加え、火が通るまで煮る。器に卵を割り入れ、つけながら食べる。

かに、ひとり占めの幸福感

かに鍋

かにをとことん楽しむために、味つけも具材もごくシンプルに。かに鍋のお楽しみはやっぱり雑炊！　少し残したかにはほぐし、だしがよく出たスープでごはんと一緒にサッと煮て、卵でとじる。味つけは塩！　最後にたらりとぽん酢を垂らしてもおいしい。

絹ごし豆腐……1/4～1/3丁
（食べやすく切る）
水菜……1株
（5㎝長さに切る）
かに（ボイル済み）……150～200g（食べやすく殻を切り取る）

主な材料と下ごしらえ

その他の材料

A ┌ だし汁……350㎖
　 │ 薄口しょうゆ……小さじ1/2
　 │ 酒……大さじ1
　 └ 塩……ふたつまみ

作り方

1. 鍋にAを煮立て、かにと豆腐を2分ほど煮る。仕上げに水菜を加えてさっと煮る。

丁寧に引くだしがごちそう

たっぷりねぎの豚しゃぶ鍋

かつおと昆布の一番だしでいただく、極上しゃぶしゃぶ。だしのおいしさを味わうべく、具はシンプルに。ねぎはごく薄切りにして、さっとだし汁に浸したら、豚肉でくるっと巻いて。上品な味わいゆえに、するすると胃におさまる心地よさ。黒七味や柚子こしょうが[illegible]合い[illegible]。

長ねぎ……1本
（ごく薄い斜め切りにし、
水にさらして水けをきる）
豚ばらしゃぶしゃぶ
用肉……100g

主な材料と下ごしらえ

その他の材料

- 昆布（10cm角）……1枚
- かつお節（だし用）……10g
- 水……500mℓ

A
- 薄口しょうゆ、みりん……各大さじ1/2
- 塩……ふたつまみ

- 黒七味、柚子こしょう……各適宜

作り方

1. だしを引く。鍋に水と昆布を入れて30分おき、弱めの中火にかける。沸騰直前に昆布を取り、沸いたらかつお節を加えて火を止め、2分おいてキッチンペーパーを敷いたざるでこす。

2. 鍋に**1**を煮立て、**A**で味つけをする。長ねぎと豚肉をさっとくぐらせ、だし汁ごと器に取り、黒七味や柚子こしょうなどで食べる。

すぐ食べたい
ごはんがすすむ
お財布にやさしい
野菜が食べたい
カロリーが気になる
冷えた体を温めたい
おうち呑みにイイ
ほっと癒やされたい
締めまで楽しい
ちょっとおしゃれに

ぜいたく鍋をもっと楽しむ TIPS

「ぜいたく鍋」は自分へのごほうびだから、ここは日頃のブレーキを解き放ち、思いのまま自分を甘やかしてあげよう。「おいしい！」がもたらす至福な気分を心から堪能するための提案です。

1 食材をワンランクＵＰする

例えば肉や魚。いつものスーパーではなく、肉屋さんや魚屋さんなどに行ってワンランク上の食材を買ってみる。すき焼き用の牛肉を、食べたい部位を好きな厚みにカットしてもらい、食べる口福感と言ったら！

2 たまには一番だしをとってみる

忙しい日々のごはんは「だしの素」に頼るのもよし！でもたまには昆布とかつおでだしを引いてみよう。和風だしベースの鍋を「一番だし」にするだけで、疲れた体に染み渡るおいしさに出会えるはずだから。ぜひお試しを。

1.昆布だしを作る。昆布10gは表面の汚れをかたくしぼった濡れふきんでふき取り、1ℓの水に30分以上つける。

2.①を鍋に入れて火にかけ、沸騰直前に昆布を取り出し、かつお節20gを加えて火を止める。

3.2分ほどおき、ペーパータオルを敷いたざるに静かに通してこす。

※材料は作りやすい分量

3 脇役もワガママに楽しもう！

シンプルな鍋でも薬味があると、そのおいしさは無限に広がっていきます。調味料だってそう。誰かと一緒だと気を使ってしまう辛みの程度や、好みの分かれる薬味など、自分好みにワガママに楽しんで。

バニラアイスのバルサミコソース

バニラアイスにバルサミコ酢をかけ、好みのッツを散らせば、お店で出てくるようなスイーツが完成。バルサミコ酢はコクのあるいいのを選ぶか、鍋で煮つめて濃度を凝縮させとよりおいしくなります。

どら焼き抹茶アイス

市販のどら焼きを半分に切って、抹茶アイスをのせるだけ。想像できるけど、食べて安心、納得の組み合わせ。溶けていく抹茶アイスをソースがわりにして、どら焼きにからめながら食べるのもおいしい。抹茶アイスは2個のせで！

4 冷たいスイーツの用意をお忘れなく

いたくな鍋を楽しんだあとのお愉しみは、やっぱり別腹スイーツ。好きなデザートを買ってくるのもいいけど、コンビニで買ったアイスだってOK。ちょっとした組み合わせのアイデアで、とっておきのスイーツに。

7

時間が味の決め手！

ほったらかしでコトコト

7
ゆっくり起きた休日は
おはよー
オハヨー！もしや二日酔い？
とりあえずお鍋をセットし材料を入れて
コトコト煮込む
あー…
あとはほっとくだけ

時間が味の決め手！
ほったらかしでコトコト

時短でササッと作れるお手軽鍋もいいけれど、
「時間」がおいしくしてくれる鍋だってあります。
家に帰ってきたら、まずは仕込みをして、あとは火にかけてほったらかし。
その間にメイクを落として、ゆったり部屋着に着替えたり、
おうち気分にシフトチェンジ。仕事の緊張がほぐれて、
心も体もリラックスモードになったころには、コトコト煮込んだ鍋も完成です。
食材のうまみが溶けだしたスープも最高においしい！
ゆっくり起きた休日にもどうぞ。

具材はあえて大ぶりに

ポトフ鍋

主な材料と下ごしらえ

白菜……1/8個
（半分の長さに切る）
厚切りベーコン
……50〜60g
（半分の長さに切る）
じゃが芋……大1個
（4等分して水にさらす）

その他の材料

A ┌ 洋風スープの素（固形）……1/2個
　│ 白ワイン……大さじ2
　│ ローリエ……1枚
　│ 塩……ひとつまみ
　└ 水……400mℓ

・粒マスタード……適宜

作り方

1. 鍋に白菜、じゃが芋、ベーコン、**A**を入れて中火にかける。煮立ったら弱めの中火で25〜30分、具材がやわらかくなるまで煮る。

2. 好みでマスタードを添えて食べる。

ゃが芋、くったくたの白菜、厚切りにしたベーコン。見慣れた食材たちがゆっくりと時間の魔法にかけられて、ふたを開ければごちそうに。まずはスープがなじんだ具材から召し上がれ。野菜のうまみが溶け込んだスープも染み入るおいしさです。

疲れた私を回復する

サムゲタン風鍋

大根を煮込むとき、一緒に生米を煮てほんのりやさしいとろみをスープにつけます。ささみは、片栗粉をまぶして仕上げに加えればしっとりやわらかな口当たりに。食べすぎ、飲みすぎが続くお疲れの胃に染み入る、やさしさ満点のリカバリー鍋。

大根……3cm
（1cm厚さのいちょう切り）
しょうが……
1かけ（せん切り）
米……大さじ1/2
ささみ……1本（ひと口
大のそぎ切りにする）

な材料と下ごしらえ

その他の材料

A
- 水……400mℓ
- 鶏がらスープの素（顆粒）……小さじ1
- 塩……ふたつまみ

- ・片栗粉……小さじ1
- ・ごま油……適量
- ・粗びき黒こしょう……適量
- ・青ねぎの小口切り、糸唐辛子……各適量

作り方

1. 鍋に米、大根、**A**を入れてふたをして中火にかけ、煮立ったら、弱めの中火で25〜30分煮る。

2. 米と大根がやわらかくなったら片栗粉をまぶしたささみを加え、火が通るまで煮る。しょうが、青ねぎ、糸唐辛子をのせ、ごま油をまわしかけて黒こしょうをふる。

すぐ食べたい
ごはんがすすむ
お財布にやさしい
野菜が食べたい
カロリーが気になる
冷えた体を温めたい
おうち呑みにイイ
ほっと癒やされたい
締めまで楽しい
ちょっとおしゃれに

さらさらスープで具だくさん

スープカレー鍋

手羽元は軽く焼き、スープでことことほったらかし。野菜は大きめに切ってグリルで焼き目をつけてから加えれば食べ応えもアップします。かぼちゃやヤングコーンなど、カレーに映えるカラフルなものがおすすめ。仕上げはフライドオニオンでコクをプラス！

ピーマン……1個
（縦半分に切ってへたと種を取る）
ミニトマト……2個
（へたを取る）
手羽元……3本
えのきだけ……1/4袋（根元を切る）

主な材料と下ごしらえ

その他の材料

・カレールウ……20～30g
A ┌ 鶏がらスープの素（顆粒）……小さじ2/3
　 └ 水……400mℓ
・フライドオニオン……適量
・サラダ油……少々

作り方

1. 鍋にサラダ油を熱し、手羽元を焼く。表面に焼き色がついたら**A**を加えて煮立ったらふたをし、弱めの中火で20～25分煮る。

2. ピーマンとえのきだけはグリルかオーブントースターで焼き色がつくまで焼く。

3. 火を止め、**1**にきざんだルウを加えて溶かす。**2**とミニトマトも加えてひと煮立ちさせ、フライドオニオンをふる。

おわりに

私ごとですが、数日後に出産を控えています。この本は、大きなお腹を抱えながら撮影をし、出産の少し前にあとがきを書き終え、我が子の少し後にこの世に誕生することになるとても思い出深い一冊になりました。

ヘルシーで体が喜ぶものを食べたいという思いが日増しに強くなる一方、長時間の台所作業はきつくなり、短時間で作れて野菜もたっぷり、栄養バランスもよくて、バリエーションが無限！　毎日食べても飽きない小鍋はまさに私にもぴったりでした。

日頃は、手間ひま惜しまない丁寧なレシピから、超時短レシピまで様々なテーマで料理を作ります。どっちがいい悪いではなく、その時々のライフスタイルやシーンに合わせて使い分けられれば最高です。振り幅を持つことが、先の料理人生を楽しくしてくれると思います。

この本は多くが10分台で作れるお手軽小鍋専門ですが、時間を短縮するために、おいしさをおいてけぼりになんてしていません。

〝気まま〟を合い言葉に、
ぜいたくなじぶん時間も手に入れて
手作りならではのほっとする幸福感もセットで味わう。

欲張りな私たちのリクエストに応えた
いいとこどりをお約束します。

まずは、見た目でもネーミングでも、パッと目に留まった小鍋から試してみてください。10分もあれば作れます。

みなさんの小鍋ＬＩＦＥが楽しいものになりますように。

SHIORI《しおり》のむげん小鍋《こなべ》

2019年10月16日　第1刷発行
2019年11月15日　第2刷発行

著者
SHIORI《しおり》

発行者
度瀬昌彦

発行所
株式会社 講談社
〒112-8001 東京都文京区音羽2-12-21
編集 03-5395-3447
販売 03-5395-3606
業務 03-5395-3615

印刷所
大日本印刷株式会社

本所
大口製本印刷株式会社

3N978-4-06-517675-7

SHIORI

料理家。1984年生まれ。短大卒業後、料理家のアシスタントを経て独立。「若い女の子にもっと料理を楽しんでもらいたい」をモットーにテレビや雑誌、広告など、幅広く活動。東京・代官山の料理スタジオ「L'atelier de SHIORI」で料理教室を主宰。また2017年東京・中目黒にファラフェルスタンド「Ballon」をオープン。著書は『作ってあげたい彼ごはん』（宝島社）、『SHIORIの2人で楽しむ ゆるつま』（講談社）など、累計発行部数は400万部を超える。

撮影
野口健志

調理アシスタント
佐藤礼奈
紺野理奈

デザイン
三木俊一（文京図案室）

イラスト
ミヤタチカ

編集
内田いつ子